HEYNE
BÜCHER

D1666655

ESOTERISCHES
WISSEN

Herausgeber dieser Reihe Michael Görden

José Silva
Burt Goldman
DIE
SILVA MIND
METHODE
Das Praxisbuch

Deutsche Erstausgabe

WILHELM HEYNE VERLAG
MÜNCHEN

HEYNE RATGEBER ESOTERIK
08/9549

Aus dem Amerikanischen übertragen
von Maria Zybak

Titel der Originalausgabe:
THE SILVA MIND CONTROL METHOD OF MENTAL DYNAMICS
erschienen bei Pocketbooks, Simon & Schuster Inc., New York

4. Auflage
Copyright © 1988 by Burt Goldman
Copyright © der deutschsprachigen Ausgabe
by Wilhelm Heyne Verlag GmbH & Co. KG, München 1990
Printed in Germany 1993
Umschlaggestaltung: Atelier Ingrid Schütz, München
Umschlagillustration: Marlene J. Distler, München
Satz: Kort Satz GmbH, München
Druck und Bindung: Presse-Druck Augsburg

ISBN 3-453-03772-3

Inhalt

Einführung

Seit 1966, als José Silva seine Methode in Texas der ersten Gruppe von Interessenten vorstellte, ist viel passiert. Aus den bescheidenen Anfängen mit einem Ausbilder und einer Handvoll interessierter Studenten hat sich die heute auf allen Kontinenten vertretene Organisation entwickelt. In fast allen größeren amerikanischen Städten gibt es Ausbildungszentren und Büros; Zweigstellen arbeiten in 75 Ländern, von Japan bis Israel, von Saudi-Arabien bis Irland, von China bis Zimbabwe, von Australien bis Alaska. Die 450 autorisierten Ausbilder haben die bemerkenswerte Methode von José Silva inzwischen Millionen von Menschen aus allen Berufen, sozialen Schichten und Altersgruppen nähergebracht; die Arbeitsunterlagen wurden mittlerweile in 18 Sprachen übersetzt.

Was unterscheidet nun diese Art des positiven Denkens von all den anderen? Und wie kam es zu dieser enormen Verbreitung? Woran liegt es, daß sich Menschen aller Hautfarben, aller Religionen, aller sozialen Schichten und Berufe angesprochen fühlen?

Die Methode von José Silva stellt für niemanden eine Bedrohung dar. Die Absolventen der Kurse berichten vielmehr, daß ihre Glaubensvorstellungen viel gefestigter sind als je zuvor, weil diese Methode alle positiven Aspekte ihres Lebens verstärkt. Die Lebensfreude nimmt zu, die Beziehungen zu anderen Menschen werden besser, die Gesundheit wird positiv beeinflußt. Die Kursteilnehmer werden bewußter und verstehen sich und andere besser. Sie kommen viel besser mit dem Leben zurecht, weil sie wissen, daß sie nicht nur für ihre Realität verantwortlich sind, sondern sie auch im Griff haben.

Dieses ist das zweite größere Buch über die Methode von José Silva. Im ersten, das José Silva und Philip Miele gemeinsam unter dem Titel ›Silva Mind Control‹ (Heyne Taschenbuch 08/9538) veröffentlicht haben, werden Verfahren und Ablauf der Silva-Grundkurse erläutert. In diesem Buch werden zusätzliche Techniken zur Lösung von Problemen behandelt und das Verständnis dafür vertieft, wie äußere Einflüsse auf Ihr Leben einwirken. Sie finden hier Gedanken und Techniken, die Sie von den Einflüssen äußerer Kräfte befreien, und Sie lernen Gesundheit, Erfolg, Beziehungen, seelisch-geistiges Wohlbefinden und praktisch alle Aspekte des Lebens besser zu kontrollieren.

Ich kann die Wirksamkeit der Methode von José Silva aus eigener Erfahrung bestätigen. Als ich zum ersten Mal davon hörte, war ich an einem Tiefpunkt angelangt, weil meine Firma kurz vorher in Konkurs gegangen war. Deprimiert und gestreßt ging ich in einen der Kurse von José Silva und lernte seine Methode kennen. Zuerst war ich skeptisch, aber die Resultate waren umwerfend. Sechs Wochen nach Abschluß des Kurses war ich Chef einer neuen Firma und hatte mehr Geld, Freunde und andere positive Dinge, als ich mir vorher hätte träumen lassen. Da ich mein Wissen anderen vermitteln wollte, wurde ich selbst Ausbilder, arbeitete mich immer weiter ein und entwickelte schließlich das, was als die mentale Dynamik nach José Silva bezeichnet wird. Die hier vorgestellten Konzepte entstanden in enger Zusammenarbeit mit José Silva; Tausende von Absolventen meiner Seminare haben sie auf die Probe gestellt.

Um die mentale Dynamik nach José Silva am wirkungsvollsten einzusetzen, sollten Sie das Buch erst einmal ganz durchlesen. Wenn Sie dann bei einem bestimmten Problem Hilfe brauchen, schlagen Sie im Inhaltsverzeichnis nach.

Liegen Sie mit Ihrer Lieblingstante im Streit? In Kapitel 21 sagen wir Ihnen, wie Sie Familienprobleme lösen können. Stehen Sie am Anfang Ihrer beruflichen Karriere? Dann sind Kapitel 23 bis 26 für Sie wichtig. Brauchen Sie mehr Selbstvertrauen? In Kapitel 10 finden Sie mehr zum Thema Selbstwertgefühl. Angespannt und gestreßt? Die Kapitel 1 und 6 behandeln Streßbewältigung. Bei Problemen mit Beziehungen sollten Sie Kapitel 20 aufschlagen. Wenn Ihr Problem darin besteht, daß Ihr Interesse an Sex stark nachgelassen hat, lesen Sie in Kapitel 19 nach (aber Vorsicht: Sie wollen ja nicht des Guten zuviel tun). Leiden Sie unter Ängsten? Dann ist Kapitel 7 das wichtigste für Sie.

Wie viele Diäten haben Sie schon gemacht? Kapitel 16 wird Ihnen bei Gewichtsproblemen wahrscheinlich mehr helfen als die zehn Diätbücher, die Sie schon gelesen haben. Und in Kapitel 13 ›Früheres Selbst, zukünftiges Selbst‹ finden Sie eine wirksame Methode, wie Sie Probleme aus der Vergangenheit überwinden können. Das Kernstück des Buches ist jedoch Kapitel 2 ›Liebe verändert alles‹. Darin liegt die Erklärung für das Konzept der positiven Sichtweise, und Sie verstehen dadurch nicht nur besser, wie Sie sich unmittelbar selbst helfen können, sondern auch, daß dieses Prinzip von unschätzbarem Wert für Ihre Zukunft ist.

Kapitel 4 ›Die sieben großen Grundsätze‹ wird Ihnen dabei helfen zu verstehen, nach welchen Regeln das Leben im großen und im kleinen abläuft. Diese Grundsätze verdeutlichen, daß Angst, Mut, Schuld, Sich-selbst-Verzeihen, Groll, Schönheit, Häßlichkeit, Haß und Liebe alles Schöpfungen des Geistes sind. Vorstellung, Visualisierung und all die innerlichen Konstruktionen, die den nach außen gerichteten Sinnen entsprechen, sind ebenfalls eine Schöpfung des Geistes. In Kapitel 5 ›Die Erfolgsbilder‹ geht es um Schöpfungen des Geistes, und wir zeigen Ihnen, wie Sie Ihre Vorstellungen durch Visualisierung beeinflussen und Ihre geistigen Kräfte besser steuern können.

Die mentale Dynamik nach José Silva basiert auf der Tatsache, daß die Wahrnehmung aus der Vorstellung kommt. Ist die Vorstellungskraft negativ ausgerichtet, erscheint die Welt dunkel und düster. Wenn sie positiv ausgerichtet ist, wird die Welt hell, freundlich und angenehm. Auch Sie können mit der einfachen Methode der mentalen Dynamik Ihre geistigen Kräfte besser nutzen. Und Sie können diese dynamische Vorstellungskraft so einsetzen, daß Ihr Leben immer reizvoller wird.

Burt Goldman

Palm Springs, Kalifornien 1988

Grundsätze
und
Technik
der
mentalen Dynamik

1

Die erste Meditationsstufe

Allen Dingen auf dieser Welt liegt ein Rhythmus zugrunde. Der Rhythmus von Licht und Schall verläuft wellenförmig. Jede Farbe des Spektrums hat ihren eigenen Rhythmus. Auch Ihr Herz pumpt das Blut mit rhythmischen Schlägen durch den Körper. Wissenschaftler haben vor einigen Jahrzehnten festgestellt, daß sogar durch die Gehirntätigkeit Wellen erzeugt werden, die man messen kann. Sie variieren jedoch sehr stark, je nachdem, wie tief man schläft oder wie wach man ist; sie sind abhängig vom Grad der Gelassenheit oder Aufregung und vom Gesundheitszustand.

Der Rhythmus des Gehirns wird von Aufregungen, Wünschen, Ängsten, Streß und Ruhe bestimmt — kurz, von den verschiedenen Gemütszuständen. Wäre es nicht wunderbar, wenn man diesen Rhythmus steuern könnte?

Genau das zu erreichen ist eines der grundlegenden Ziele der mentalen Dynamik. Die Techniken von José Silva sind im Laufe der Jahre weiterentwickelt und verbessert worden. Hunderttausende von Kursteilnehmern haben sie in die Praxis umgesetzt und erfahren, wie sie durch Steuerung ihrer Hirnwellen ihr Leben verändern könnten. Wir wollen uns nun damit befassen, wie diese Hirnwellen funktionieren und wie sie sich auf den Menschen auswirken, wie man sie steuern kann und welche Vorteile sich daraus ergeben.

Die Wissenschaft unterscheidet vier Grundtypen von Hirnwellen — Beta-, Alpha-, Theta- und Deltawellen —, die vier verschiedenen Ebenen von Gehirntätigkeit entsprechen. Die Kurven eines Elektroenzephalogramms (EEG) geben Aufschluß darüber, wie häufig jede dieser Hirnwellen auftritt. Dazu werden mit am Kopf angebrachten Elektroden die Schwingungen je Sekunde (= Hertz) gemessen.

Die niedrigste Gehirntätigkeit drückt sich in einer halben Schwingung je Sekunde aus; die höchste in 85 Schwingungen je Sekunde. Der niedrigste Wert entspricht dem tiefsten Schlaf; der höchste ist bei einem epileptischen Anfall zu messen, wenn das Gehirn aufs Äußerste erregt ist. Normalerweise liegen die Werte jedoch zwischen vier bis vierzig Schwingungen je Sekunde, die für Tiefschlaf bzw. starke Erregung stehen.

Es überschneidet sich zwar jeder der vier Wellenbereiche mit den angrenzenden, und es ergeben sich bei jedem Menschen geringfügige Abweichungen, aber im allgemeinen kann man folgendes sagen:

Im Deltabereich werden Hirnwellen von einem halben bis vier Hertz (Hz) erzeugt. Das ist im allertiefsten Schlaf der Fall, wenn das Bewußtsein völlig ausgeschaltet ist; über diesen Zustand wissen wir nur wenig. Im Thetabereich — beim tiefen, angenehmen Schlaf, der mit völligem Wohlbehagen verbunden ist —, haben die Hirnwellen eine Frequenz von fünf bis sieben Hertz. Die Alphawellen liegen zwischen acht bis dreizehn Hertz. Sie werden beim entspannenden Schlaf und während der Traumphasen erzeugt. Im Betabereich, wenn man bei vollem Bewußtsein ist, haben die Hirnwellen eine Frequenz von vierzehn bis vierzig Hertz. Jetzt, da Sie diese Zeilen lesen, sind Sie gerade im Betabereich.

Ein normaler Mensch ist an einem normalen Tag im Betabereich mit Hirnwellen um 21 Hertz.* Durch aufwühlende Emotionen wie Ärger, Groll, Eifersucht, Angst, Nervosität

---

* Das Gehirn erzeugt eigentlich alle vier Hirnwellentypen gleichzeitig; welcher Typ vorherrscht, wird von Schwingungsweite, Grad der Dichtigkeit und Häufigkeit bestimmt.

oder große Besorgnis erhöhen sich Gehirntätigkeit und Frequenz auf 22, 25 oder noch mehr Hertz. Kränklichkeit, Reizbarkeit, Lernschwierigkeiten und Konzentrationsschwäche beruhen zum Teil darauf, daß zu viele Hirnwellen erzeugt werden.

Der Rhythmus einer guten Gesundheit, der Rhythmus der Intelligenz, der Rhythmus der Konzentration, der Rhythmus des Wohlgefühls und — der Rhythmus des echten Genies — liegt in dem Bereich, wo Hirnwellen unter 19 Hertz erzeugt werden.

Sehen wir uns einmal an, welche Folgen eine erhöhte Hirnwellenfrequenz hat, und vergleichen wir sie mit den Vorteilen, die niedrigere Werte bringen.

Bei Streß und Angst liegt die Frequenz über 21 Hertz. Fast alle Wissenschaftler und Mediziner sind sich darin einig, daß Streß die Ursache für viele gesundheitliche Probleme ist. Steigt die Gehirntätigkeit über 21 Hertz (den Bereich normaler Tätigkeit im Wachzustand), wird der Kontrollmechanismus der äußeren Immunität, den jeder Mensch hat, geschwächt, was für die stets gegenwärtigen Krankheitskeime und Viren wie eine Einladung wirkt, in den Körper einzudringen. Ein intaktes inneres Immunsystem zerstört diese feindlichen Kräfte, und der Mensch bleibt gesund. Ist das Immunsystem aber geschwächt, sind Krankheitskeime und Viren stärker als die Körperzellen; sie vermehren sich, und der Mensch wird krank.

Werden übermäßig viele Hirnwellen erzeugt, so bringt das neben gesundheitlichen Problemen auch noch andere Schwierigkeiten mit sich. Bei einer Gehirntätigkeit von über 21 Hertz ist es mit der Konzentration vorbei. Die Gedanken des Betreffenden überstürzen sich, eine Menge belangloser Dinge gehen ihm durch den Kopf. Tausende ständig wechselnde Gedanken, die außer Kontrolle geraten zu sein scheinen, hindern den Geist daran, sich auf die wichtigen Dinge zu konzentrieren.

Im oberen Betabereich — bei vierzig Hertz — wird es immer schwieriger, sich auf irgend etwas länger zu konzentrieren. Man ist nervös und kann nicht stillsitzen. Der Geist springt von einem Gedanken zum anderen wie eine Biene, die von einer Blume zur nächsten fliegt; ehe ein Gedanke vollständig formuliert ist, kommt schon der nächste. Man hat Schwierigkeiten, sich an etwas zu erinnern, und sogar der letzte Gedanke entgleitet uns wie ein Traum, der verfliegt, sobald man ganz wach ist.

Wenn aufgrund von Erregung Hirnwellenfrequenz und Gehirntätigkeit zunehmen, werden Kräfte aufgebaut, die freigesetzt werden müssen. Der Geist leitet diese Energie durch körperliche Aktivität ab; so wird der Körper zermürbt und herumkommandiert, und man tut Dinge, die man später bereut. Der Mensch kann nicht mehr nach seinem natürlichen Empfinden handeln, denn er wird von den Forderungen der Psyche blockiert; er wird schwächer und kann die vielen negativen Einflüsse immer weniger abwehren.

Wenn ein Übermaß an Hirnwellen die Wurzel so vieler Probleme ist, dann könnte man daraus schließen, daß es zur Lösung vieler Probleme beitragen würde, wenn man die Hirnwellen steuern könnte. Es hat tatsächlich sehr viele Vorteile, die Hirnwellenfrequenz auf einem niedrigeren Niveau zu halten. Erstens einmal für das Wohlbefinden, dem Gegenteil von Krankheit.

Wenn man sich wohlfühlt, ist man entspannt und locker. In diesem Zustand ist die Hirnwellenfrequenz niedrig, sie liegt dann im allgemeinen bei 19 Hertz. Ein normaler, gesunder Mensch, bei dem die Frequenz unter 20 Hertz liegt, kann sich nicht in einem Zustand des Un-Wohlseins befinden; im Gegenteil, er fühlt sich rundherum wohl. Die Abwehrkräfte des Immunsystems sind stark und bekämpfen Krankheitskeime und Viren.

Der mittlere Alphabereich mit einer Hirnwellenfrequenz um 10 Hertz entspricht einem ruhigen, entspannten Zustand. Wenn man die Hirnwellenfrequenz bewußt senkt, kann man sich gut konzentrieren. Die Gehirntätigkeit in den mittleren Alphabereich zu bringen ist vor allem dann richtig, wenn man nachdenken will. Die Gedanken sind dann greifbar, man kann sie genau überprüfen und ist sich ihrer Dimensionen bewußt. Es ist ein Zustand, in dem der Geist sich vom Körper trennt und der Körper sich mit der ihm eigenen Weisheit selbst heilt, ohne vom Geist beeinträchtigt zu werden.

Psychosomatische Probleme entstehen dadurch, daß der Geist (Psyche) den Körper (Soma) stört. Befreit man den Körper von den geistigen Problemen, indem man im Alphazustand Psyche und Soma voneinander trennt, verschwinden körperliche Probleme oft von selbst.

Die normale Hirnwellenfrequenz im Wachzustand liegt etwa zwischen 15 und 25 Hertz. Daß die körpereigenen Heilkräfte bei einer niedrigeren Frequenz zum Tragen kommen, sieht man daran, daß es bei Krankheiten auf natürliche Weise zu einer Senkung kommt. Wenn man sich nicht gut fühlt, ist man müde und kraftlos. Statt Auto zu fahren, zu gehen oder zu essen, bleibt man lieber sitzen und döst vor sich hin. In diesem entspannten Zustand sinkt die Hirnwellenfrequenz auf 15 Hertz (das ist der Grenzbereich zwischen Beta- und Alphawellen).

Ältere Menschen stellen oft fest, daß sie immer häufiger einnicken; sie befinden sich dann im Alphabereich, und das ist eher zu begrüßen, als daß man sich davor fürchten sollte. Weil die Zellen länger brauchen, um sich zu regenerieren, und mehr tun müssen, um das richtige Natrium-Kalium-Gleichgewicht aufrechtzuerhalten, befreit sich der Geist zeitweilig vom Körper, so daß dieser sich auf natürliche Weise regenerieren kann. Im Alphazustand werden also Heilkräfte freigesetzt.

Es gibt einen einfachen Weg, sich in den Alphazustand mit einer Frequenz von 10 Hertz zu versetzen — Meditation. Sie hat ihren ganz eigenen Rhythmus, wie Erregung, Ärger oder jede andere Emotion, die aufwühlt oder beruhigt. Durch Meditation wird die Hirnwellenfrequenz gesenkt, und der Geist trennt sich vom Körper. Man kann sich besser konzentrieren, weil sich der Geist nicht mit den nervlichen oder emotionalen Symptomen des Körpers oder seinen Reaktionen auf äußere oder innere Reize auseinandersetzen muß.

Der Körper kann in diesem Zustand mit der ihm eigenen Weisheit seine Arbeit tun, ohne vom Geist gestört zu werden. Seine Hauptaufgabe ist, das richtige Energieverhältnis zwischen den Körperzellen herzustellen, damit sich der gute Gesundheitszustand stabilisieren kann. Der größte Vorteil der Meditation in bezug auf die Gesundheit ist also, daß der Geist dem Körper nicht mehr in die Quere kommt und beide ihre Aufgabe erfüllen können. Das heißt, der Körper heilt sich selbst, wenn er krank ist, und er bleibt gesund, wenn er gesund ist.

Die Meditationstechnik, die wir in den Kursen der mentalen Dynamik nach José Silva lehren, nennen wir ›auf Alpha-Niveau gehen‹, das heißt, die Hirnwellenfrequenz auf den Alphabereich von 10 Hertz zu senken. Wir haben durch intensive Forschung und entsprechendes Feedback festgestellt, daß sich praktisch jeder in diesen Zustand mit einer Frequenz von 10 Hertz versetzen kann und dabei bei vollem Bewußtsein bleibt. Wer diese Methode praktiziert, fühlt sich geistig und körperlich erholt und für die täglichen Aufgaben gestärkt.

Auf Alpha-Niveau gehen ist einer der Grundbausteine der Methode von José Silva, der sowohl für sich allein sinnvoll ist, wie auch als wichtiger Bestandteil anderer Verfahren. Es ist die erste Meditationsstufe, der erste Schritt, sich bewußt bis zum Alpha-Niveau zu entspannen und die Hirnwellenfrequenz zu senken. Später werden wir Ihnen tiefergehende Meditationsstufen vorstellen.

Hier nun die Technik für die erste Meditationsstufe, oder wie man auf Alpha-Niveau geht:

Suchen Sie sich einen bequemen Sitzplatz auf dem Sofa oder einem Stuhl. Am besten sitzen Sie aufrecht, so daß das Rückgrat gerade ist. Schließen Sie die Augen, und atmen Sie langsam und tief ein. Beim langsamen Ausatmen visualisieren und wiederholen Sie im Geiste die Zahl Drei; sagen Sie ›drei, drei, drei‹. Dann wiederholen Sie den Vorgang mit der Zahl Zwei und anschließend noch einmal mit der Zahl Eins.

Jetzt sollten Sie schon ziemlich entspannt sein. Wenn nicht, machen Sie das Ganze noch einmal und achten Sie dabei besonders auf die Zahlen. Visualisieren Sie ganz deutlich, lassen Sie die Zahl heller werden, und malen Sie sie im Geiste mit einer Farbe Ihrer Wahl an. Das sollte genügen, um die Gedanken zu sammeln und sich zu entspannen.

Atmen Sie wieder tief ein, und sagen Sie beim Ausatmen im Geiste das Wort ›entspannen‹ sehr leise und sehr langsam. Spüren Sie, daß Sie bei jedem Ausatmen immer tiefer gehen und sich mehr und mehr entspannen.

Nun beginnen Sie noch einmal von vorn, diesmal mit der Zahl Zehn und zurück bis zur Zahl Eins. Spüren Sie, daß Sie bei jeder niedrigeren Zahl etwas entspannter sind — und Sie werden entspannter sein.

Wie lange Sie auf Alpha-Niveau bleiben, und was Sie in dieser Zeit tun, bleibt Ihnen überlassen. Sie können sich in diesem Zustand einfach ein paar Minuten entspannen, Sie können sich aber auch einen Zugang zur Kreativität eröffnen oder über ein heikles Problem nachdenken. Sie können das Alpha-Niveau zur Unterstützung verschiedener Bemühungen anwenden, z. B. um leidige Gewohnheiten abzulegen oder um sich insgesamt zu verändern. Es gibt unzählige Möglichkeiten.

Um das Alpha-Niveau zu verlassen, zählen Sie von eins bis drei und sagen sich, daß Sie bei drei die Augen öffnen, hellwach und frisch sind und sich besser fühlen werden als vorher.

Und das ist das ganze Geheimnis.

Wie bei allen anderen Dingen wird man auch hier durch Üben immer besser. ›Besser‹ bedeutet in diesem Fall, daß Sie schließlich einfach die Augen schließen, tief einatmen und schon auf Alpha-Niveau sind.

Um den Prozeß zu aktivieren und zu erleichtern, kann man zusätzlich die ›Drei-Finger-Technik‹ anwenden. Damit wird dem Geist signalisiert ›aufgepaßt, jetzt wird gleich etwas geschehen‹. Sie verbessert die Konzentration, so daß man leichter auf Alpha-Niveau gehen kann. Legen Sie bei beiden Händen die ersten drei Finger zusammen (Daumen, Zeigefinger und Mittelfinger) und denken Sie an das, was Sie tun wollen, zum Beispiel auf Alpha-Niveau gehen. Dann setzen Sie es in die Tat um.

Wenn Sie diese Technik jetzt gleich anwenden, würde sie höchstwahrscheinlich nicht funktionieren, weil sie noch nicht programmiert ist. Um sie in Zukunft als Auslöser einsetzen zu können, gehen Sie auf Alpha-Niveau und sagen sich: »Um das zu erreichen, was ich möchte, muß ich nur bei beiden Händen die ersten drei Finger zusammenlegen. (Jetzt legen Sie bei beiden Händen die ersten drei Finger zusammen.) Das bringt mich auf eine tiefere Bewußtseinsstufe, auf der meine Vorstellungen besser aufgenommen werden.« Machen Sie das sieben Tage lang jeden Tag, und Sie haben die Drei-Finger-Technik sozusagen einprogrammiert. Sie ist ein wunderbares Hilfsmittel in allen bangen Momenten des Lebens, wie zum Beispiel bei einer wichtigen Besprechung oder in langweiligen Momenten, wie bei einem langen Flug, einer langen Zug- oder Autofahrt; Sie können sie auch anwenden, wenn Sie beim Zahnarzt auf dem Behandlungsstuhl sitzen und auf den Bohrer warten. Sie sollten immer darauf achten, das gewünschte Endergebnis deutlich vor Augen zu haben, wenn Sie diese Technik benützen.

Wenn Sie es ein paar Mal gemacht haben, werden Sie sehen, daß Sie ganz leicht auf Alpha-Niveau gehen können. Wir empfehlen, mindestens einmal täglich ›auf Alpha-Niveau zu gehen‹, bei Schlaf- oder gesundheitlichen Problemen am besten kurz vor dem Zubettgehen. Wenn Sie gesund sind und keine streßbedingten Probleme haben, sollten Sie es am späten Nachmittag vor dem Abendessen einplanen; Sie haben dann noch mehr Energie als kurz vor dem Zubettgehen.

Wenn Sie ein gesundheitliches Problem haben oder sehr unter Streß stehen, sollten Sie diese erste Meditationsstufe dreimal täglich üben. Dabei sind jeweils fünf Minuten ausreichend, zehn Minuten besser, und fünfzehn Minuten bringen den größten Nutzen.

2

Liebe verändert alles

Eines der am häufigsten verwendeten und am wenigsten verstandenen Wörter in unserer Sprache muß wohl das Wort ›Liebe‹ sein. Im Laufe der Jahrhunderte sind unter dem Banner der Liebe mehr Greueltaten, mehr Mißhandlungen und Quälereien, mehr Morde geplant und durchgeführt worden, als im Namen irgendeines anderen Begriffs. Aus Liebe hat ein Volk das andere angegriffen, waren Familien miteinander verfeindet, und sie alle versuchten ihre Interpretation des Wortes den anderen aufzuzwingen, alle meinten, im Recht zu sein. Dadurch war natürlich jeder andere automatisch ›im Unrecht‹. Den anderen mit Keule und Axt, Schwert, Pfeil und Bogen und schließlich mit Gewehren und Bomben aufgezwungen und bekräftigt, wurde die Liebe zur Rechtfertigung jeder Tat der ›Rechten‹ an den ›Unrechten‹.

Und was ist das nun eigentlich — Liebe? Das Wort *Liebe* ist eine Abstraktion; es trägt keine bestimmte Bedeutung in sich, es bekommt nur eine Bedeutung, wenn wir es mit etwas verbinden. Die Alten Griechen hatten mehrere Definitionen für Liebe: *agape* bedeutete geistige Liebe; *philos* meinte die brüderliche Liebe und *eros* die sinnliche oder romantische Liebe. Aber auch diese Definitionen sind Abstraktionen. Was bedeutet denn *philos?* Es ist nur ein Wort für einen Aspekt der Liebe. *Eros* ist wieder eine andere der vielen Seiten von Liebe. Aber was ist *Liebe?*

Um eine Antwort auf diese Frage zu finden, wollen wir uns eine sehr sinnvolle und oft zitierte Technik der mentalen Dynamik nach José Silva zunutze machen, nämlich die Polarisation. Diese Technik basiert auf einem der Grundsätze der mentalen Dynamik — eigentlich einem Lebensgrundsatz (siehe 4. Kapitel ›Die sieben großen Grundsätze‹). Dem Grundsatz der Polarität zufolge hat jede Sache einen Gegenpol, und Gegensätze sind von der Natur her gleich und unterscheiden sich nur durch ihr Ausmaß.

Um nun mit Hilfe dieses Grundsatzes den Begriff Liebe besser zu verstehen, stellen wir uns eine gerade Linie vor, so etwas wie einen Meterstab. Am linken Ende ist der negative Pol, ganz rechts außen der positive, und in der Mitte ist der neutrale Bereich. Betrachten wir die Liebe jetzt einmal als eine Sache des Standpunkts, und sehen wir uns das Wort aus dieser Perspektive an. An beide Enden unseres Meterstabes schreiben wir das Wort *Standpunkt*. Am positiven Ende haben wir also jetzt einen positiven Standpunkt, am anderen Ende einen negativen Standpunkt. Über den positiven Standpunkt schreiben wir das Wort *Liebe,* über den negativen Standpunkt schreiben wir das Wort *Haß.*

Wir definieren Liebe also als positiven Standpunkt und stellen fest, daß sich dem Grundsatz der Polarität zufolge Liebe und Haß nur dem Ausmaß nach unterscheiden. Schauen wir, ob das stimmt.

Stellen wir uns einen Menschen vor, dem absolute Liebe geschenkt wird. Absolute Liebe wäre bei unserer Skala ganz rechts außen, wo es nichts Negatives mehr gibt, nur Positives. Man kann diesen Menschen also nur von einem vollkommen positiven Standpunkt aus sehen. Man kann an diesem Menschen nur Positives sehen, nichts Negatives. Alles, was dieser Mensch tut oder sagt, wird in einem positiven Licht gesehen. Alles, was mit diesem Menschen zu tun hat, sieht man ausschließlich unter den verschiedenen Aspekten der Liebe.

Nur wenige bekommen derart viel Liebe — zwei Ausnahmen sind allerdings möglich. Es gibt eine Gruppe Menschen, die im allgemeinen Liebe in diesem Ausmaß bekommt, nämlich Babys. Die meisten Eltern sehen in ihrem Baby nur das Positive, zumindest bis zu einem Alter von sechs Monaten.

Auch bei manchen jungen Paaren kann man gelegentlich dieses Übermaß an Liebe feststellen, wenn sie nur die positiven Seiten des anderen sehen. Was auch immer der andere tut, es ist wunderbar; wie auch immer er oder sie aussieht, er oder sie ist wunderschön. Die Zeit vergeht, und die Einstellung verändert sich. Der Standpunkt rückt ein bißchen mehr zur Mitte der Skala, von der 100-Prozent-Marke auf 90 oder 80. Die beiden beginnen dann zu sehen, was schon immer da war, was sie aber von ihrem entrückten, völlig positiven Standpunkt aus nicht gesehen haben. Die Liebe kühlt etwas ab und pendelt sich vielleicht auf ein befriedigendes Niveau ein, wo jeder die negativen Seiten des anderen sieht, sie aber akzeptiert. Man versucht vielleicht, den anderen zu ändern. Man versucht, sich zu bestimmten Zeiten aus dem Weg zu gehen. Die beiden haben einander jedoch akzeptiert, leben glücklich und zufrieden zusammen.

Liebe ist also ein positiver Standpunkt. Wir wollen sehen, wie sich diese Definition auf den Alltag übertragen läßt.

Ein Berg schmutziges Geschirr in der Spüle wird aller Wahrscheinlichkeit nach am negativen Ende der Skala eingestuft, wo das Wort Haß steht. Ihre Einstellung zu schmutzigem Geschirr ist negativ. Wenn einem schmutziges Geschirr verhaßt ist, wie geht man am besten damit um? Die Antwort darauf ist: einen anderen Standpunkt einnehmen. Verbannen Sie den Gedanken aus Ihrem Kopf, daß Sie schmutziges Geschirr abwaschen müssen, denn dieses Bild steht am negativen Ende der Skala, bei Haß. Gehen Sie statt dessen in die Küche, um sie auf Hochglanz zu bringen, denn eine blitzblanke Küche steht am positiven Ende der Skala.

Eine blitzblanke Küche gefällt jedem. Nehmen Sie also einen anderen Standpunkt ein, Liebe statt Haß, und gehen Sie nicht in die Küche, um schmutziges Geschirr zu waschen, sondern um sie auf Hochglanz zu bringen.

Um die Liebe zu einer treibenden Kraft in Ihrem Leben zu machen, brauchen Sie lediglich Ihre Einstellung oder Ihren Standpunkt einer schwierigen Situation oder einem unangenehmen Ereignis gegenüber zu verändern. Liebe ist eine immer praktikable Lösung, wenn man sie als positive Einstellung zu etwas sieht. Es wäre im Laufe der Jahrhunderte vieles ganz anders gekommen, wenn uns statt ›Liebe Deinen Nächsten‹, was unverständlich ist (vor allem, wenn man selbst Schloßherr und der Nächste ein Ziegenhirt ist), gesagt worden wäre: »Stehe Deinem Nächsten positiv gegenüber.« Das kann man sehr wohl tun. Achten Sie nicht nur bei anderen Menschen auf die positiven Aspekte, sondern auch bei anderen Ländern, anderen Rassen, anderen Berufen. Wie sehr sich doch die Einstellung verändert, wenn man im anderen das Gute sieht.

Mit der Fähigkeit, Ihren Standpunkt zu verändern, steht Ihnen ein wundervolles Instrument zur Verfügung, auf das Sie immer zurückgreifen können. Sie können damit aus einem trüben, regnerischen Tag ein Erlebnis machen, das Sie mit Staunen und Zauber erfüllt. Sie können damit ein fades Essen zu dem besten machen, das Sie je genossen haben. Fast alles Negative im Leben kann man zum Positiven hin verändern.

Überlegen Sie einmal, was Ihnen zur Zeit alles auf die Nerven geht. Der Grund dafür liegt darin, daß Sie all diese Dinge von einem negativen Standpunkt aus sehen. Ob Sie sich dessen bewußt sind oder nicht, Sie hassen diese Dinge. Dieser Haß ist vielleicht nicht besonders groß — stufen wir ihn einmal in der Mitte der negativen Seite der Skala ein —, auf jeden Fall aber steht er auf der negativen Seite, denn sonst würden Sie die betreffenden Dinge nicht stören.

Zwei unserer Kursteilnehmer, Harold und Grace M., verbrachten ihre Flitterwochen in Europa. Sie sonnten sich gerade am Mittelmeer, als jemand ihren Mietwagen stahl, in dem sie all ihre Sachen gelassen hatten, auch die Handtasche von Grace und Harolds Geldbeutel. Sie regten sich natürlich sehr auf, fragten sich aber trotzdem, wie sie um alles in der Welt daran etwas Positives sehen sollten. Sie besprachen die Situation miteinander und kamen zu dem Schluß, daß ihre Flitterwochen zu einem richtigen Abenteuer werden würden und sich großartige Möglichkeiten ergäben, Dinge zu tun, die überhaupt nicht zur Debatte gestanden hätten, wenn sie dem von ihrem Reisebüro ausgearbeiteten Plan gefolgt wären.

Sie meldeten den Diebstahl bei der örtlichen Polizeidienststelle. Der Polizeibeamte, dem sie ihre Geschichte erzählten, lud sie zu sich ein, behandelte sie wie Freunde und ließ sie bei sich wohnen, bis ihnen Verwandte aus Texas Geld schickten. Als das Geld dann drei Tage später eintraf, hatten Harold und Grace schon so viele Freunde in dem kleinen Dorf, daß sie beschlossen, auch den Rest ihrer Flitterwochen dort zu verbringen. Wenn sie diese Reise noch einmal machen würden, sagten sie später, würden sie daran überhaupt nichts ändern wollen, auch nicht den Diebstahl des Autos.

Wenn Sie in einer Situation sind, die durch und durch negativ zu sein scheint, denken Sie daran, daß es immer einen Gegenpol gibt. Verändern Sie Ihre Einstellung zu der Situation, und nehmen Sie sie als große Herausforderung, die es zu meistern gilt. Wenn Sie Ihr Bestes tun, werden Sie auch etwas davon haben, solange Sie einen positiven Standpunkt einnehmen. Versuchen Sie, Ihr Bestes zu geben, und Ihr Leben wird viel schöner und gelegentlich sogar aufregend sein.

Um Ihren Standpunkt ›auf Positiv umzuschalten‹, gehen Sie auf Alpha-Niveau (wie im 1. Kapitel beschrieben) und denken über die Sache nach, die Ihnen Sorgen macht. Mit Hilfe der Polarisation können Sie Ihren Standpunkt dann vom Negativen zum Positiven verändern. Stellen Sie sich einen waagerecht ausgeklappten Meterstab mit seinen Einteilungen vor. Am linken Ende, auf der negativen Seite, häufen Sie all die negativen Aspekte auf, die Ihnen zu der betreffenden Sache einfallen. Auf die rechte Seite kommen alle positiven. Stellen Sie sich vor, daß am negativen Ende ein Schieber angebracht ist. Dann schieben Sie ihn zur positiven Seite und konzentrieren sich gleichzeitig auf die positiven Aspekte der Sache.

Auf Alpha-Niveau zu gehen und die im 1. Kapitel beschriebene Drei-Finger-Technik werden den Streß, der mit der betreffenden Sache verbunden ist, zum Teil abbauen und Ihrem Geist Freiheit und Kreativität verleihen, so daß sich viele Möglichkeiten positiver Wahrnehmung ergeben.

Bei einem Seminar sprach einer der Teilnehmer, Inhaber mehrerer großer Möbelgeschäfte, über ein Problem, das ihm ständig Ärger verursachte: die vielen Reklamationen. Er verkaufte sehr gute, teure Möbel und hatte hauptsächlich mit Inneneinrichtern zu tun, die ihren Kunden absolute Perfektion zusicherten, um sie zufriedenzustellen. Gelegentlich kam es vor, daß ein Sofa oder Stühle kleine Fehler hatten, oder daß sich eine ganze Partie Bezugsstoff in der Farbe etwas vom Originalmuster unterschied.

Die Reklamationen wurden von drei Angestellten bearbeitet, die im Hauptgeschäft an einer Art Schalter in der Nähe seines Büros arbeiteten. Die Leute an diesem Schalter hatten zwar auch andere Aufgaben, trotzdem kündigten sie laufend. Niemand wollte sich mit den Reklamationen befassen und die Zielscheibe für die Beschimpfungen der Kunden abgeben.

Unser Geschäftsmann war es leid, ständig neue Leute für diesen Bereich einzustellen; er ging auf Alpha-Niveau und dachte über das Problem nach. Er dachte darüber nach, daß

Liebe ein positiver Standpunkt ist, und er dachte auch über das schmutzige Geschirr und die blitzblanke Küche nach. Er fragte sich, wie er wohl das schmutzige Geschirr — in diesem Fall die Reklamationen — in eine blitzblanke Küche verwandeln könnte.

Er erzählte, daß er etliche Tage über eine Lösung nachdachte. Eines Morgens beim Aufwachen war ihm dann klar, was zu tun war. Zum ersten Mal seit langer Zeit konnte er es nicht erwarten, ins Büro zu kommen. Er rief einen Schildermaler an und ließ sich ein großes Schild malen. Ganz oben stand: *Gewinner des Monats*. Das Schild wurde in drei Spalten unterteilt, und jeder der drei Angestellten, die sich mit Reklamationen befaßten, bekam eine Spalte, über der sein Name eingetragen wurde. Die Mitarbeiter wurden angewiesen, jede eingehende Reklamation mit einer Zahl zwischen eins und zehn zu bewerten. Die Eins galt für eine ganz kleine Reklamation, die Zehn für eine praktisch unlösbare. Wenn die Reklamation telefonisch zu erledigen war, sollte sie mit Eins bewertet werden; wenn man jemanden zum Kunden schicken mußte, bedeutete das eine Drei; wenn er selbst eingreifen mußte, gab es eine Fünf; wenn die Reklamation unlösbar schien, bekam sie eine Zehn. Nach Meinung des Händlers würden die meisten Reklamationen mit Drei und Fünf bewertet werden. Von den für die Reklamationen zuständigen Angestellten wurde erwartet, daß sie beim Einstufen ehrlich werteten, denn der, der im Laufe des Monats die schlimmsten Reklamationen erledigt hatte, sollte eine Belohnung bekommen.

Als er das den drei zuständigen Angestellten erklärte, sorgte das in seinem Geschäft für große Aufregung. Jeder, der am Telefon eine Reklamation entgegennahm, nickte und lächelte den anderen zu — es war kein Vergleich zu der Verbissenheit, mit der sie früher gearbeitet hatten. Wer eine Reklamation entgegengenommen hatte, rannte sofort zu der neuen Tafel und trug die Bewertung ein — meistens eine

Eins, Drei oder Fünf. Morgens waren alle drei Angestellten pünktlich um neun Uhr am Arbeitsplatz, ganz erpicht auf das Läuten des Telefons. Der Reklamationsschalter wurde bald zum beliebtesten Arbeitsplatz im ganzen Geschäft. Der Firmeninhaber gab dem Angestellten, der die meisten Punkte gemacht hatte, am Ende jeden Monats eine Gratifikation von 100 Dollar. Statt mit Kündigung zu drohen, drängten sich die Angestellten jetzt danach, die Reklamationen zu bearbeiten.

Er hatte es geschafft. Er hatte eine bei allen verhaßte Aufgabe in eine von jedem angestrebte verwandelt, indem er einfach den Standpunkt verändert hatte: Je schlimmer die Reklamation, um so mehr Punkte. Sie wuschen nicht mehr schmutziges Geschirr. Sie brachten jetzt die Küche auf Hochglanz.

Was wollen Sie in Ihrem Leben ›auf Hochglanz bringen‹? Machen Sie sich dieses Konzept der Liebe zunutze, um unangenehme Dinge in Ihrem Leben zu verändern. Wenden Sie das Konzept der Liebe an, und schalten Sie vom negativen Standpunkt auf einen positiven um. Mit den hier vorgestellten Gedanken und Techniken, vor allem in Verbindung mit dem 3. Kapitel ›Fünf Regeln zum Glücklichsein‹, können Sie Ihr ganzes Leben verändern.

Wie dieses Prinzip anzuwenden ist, läßt sich sehr gut durch ein Ereignis veranschaulichen, das nach einem unserer Seminare eintrat. Eines Tages rief Roger G. bei seinem Ausbilder an, um ihm zu erzählen, wie er mit der Methode von José Silva ein Problem gelöst hatte, das seinen 13jährigen Sohn Shawn betraf. Shawn wollte sich zusätzliches Taschengeld verdienen. Roger fuhr seinen Sohn mit einem Eimer, voll mit Schablonen, Farbe und Pinseln, in ein nahegelegenes Viertel. Shawn sollte an den Einfassungen der Häuser die Hausnummern anmalen, so daß sie besser zu sehen wären, und er wollte für diese Arbeit einen Dollar verlangen.

Roger, selbst Verkäufer, wollte seinem Sohn damit eine genauere Vorstellung von seiner Arbeit vermitteln. Er sah es als eine relativ leichte Aufgabe an, und außerdem würde sein Sohn ein paar Dollars zusätzlich verdienen. Shawn, der nie zuvor so etwas versucht hatte, war sehr aufgeregt und konnte es kaum erwarten.

Roger setzte Shawn in einem nahegelegenen Villenviertel ab und versprach, ihn in zwei Stunden wieder abzuholen. Eineinhalb Stunden später hielt Roger an dem Haus, wo Shawn saß. Er hatte das Kinn aufgestützt und wirkte niedergeschlagen; sein Gesicht hellte sich erst auf, als er sah, daß er abgeholt wurde.

Er knallte den Eimer auf den Boden des Wagens, ließ sich auf den Rücksitz fallen und seufzte: »Also, Paps, ich weiß wirklich nicht, wie du das machst. Das war das Schlimmste, was ich je erlebt habe. Ich werde so etwas nie mehr machen.«

Natürlich war sein Vater enttäuscht und fragte: »Was ist passiert, Shawn? Hast du überhaupt nichts verdient?«

»Oh doch«, antwortete sein Sohn, »aber was mich so fertig gemacht hat, war der eine, der mir die Tür vor der Nase zuschlug.« Er schüttelte den Kopf. »Wie machst du das, Paps? Wie hältst du das aus?«

»Aushalten? Was meinst du, Shawn?« fragte Roger.

»Du weißt schon. Sie schnauzten mich an und warfen mich hinaus. Ein paar haben mich sogar angeschrieen. Ich habe nicht gewußt, daß Menschen so gemein sind.«

Roger fragte genauer nach, und es stellte sich heraus, daß nichts von alldem wirklich passiert war, obwohl Shawn es so empfunden hatte. Shawn hatte zum ersten Mal in seinem Leben das Unangenehme am Beruf eines Verkäufers erlebt, nämlich abgewiesen zu werden. Er hatte mit seinen dreizehn Jahren noch nie soviel Ablehnung erfahren wie in dieser kurzen Zeit. Jeder, so schien es ihm, wies ihn zurück — was für ihn bedeutete, daß man ihn nicht mochte. Es war zuviel für ihn; er konnte es nicht verarbeiten und würde eine solche Erfahrung nie mehr machen wollen. »Na gut, wieviel hast du denn eingenommen?« fragte sein Vater.

Shawn langte in die Tasche und zog ein paar zerknitterte Dollars heraus. »Sechs Dollar.«

»Sechs Dollar!« rief sein Vater aus. »Aber Shawn, das ist doch super. Du warst nur eineinhalb Stunden unterwegs und hast sechs Dollar verdient. Das ist ein ganz schöner Erfolg, finde ich.«

»Das finde ich überhaupt nicht«, antwortete Shawn. »Ich werde das nie mehr machen, ich hasse es. Lieber mache ich sonst was, als noch einmal an fremde Türen zu klopfen.«

»An wie vielen warst du, Shawn?« fragte sein Vater.

»An ungefähr tausend.«

Sein Vater schüttelte bedächtig den Kopf und sagte: »Shawn, da mußt du dich irren. Du kannst in dieser kurzen Zeit unmöglich tausend Leute angesprochen haben.«

»Na ja, vielleicht waren es fünfzig oder sechzig«, meinte Shawn nach kurzem Nachdenken.

»Weißt du, Shawn«, sagte sein Vater, »wenn du sechzig Leute angesprochen und sechs Dollar verdient hast, dann hast du bei zehn Prozent Erfolg gehabt. Das ist ein ziemlich gutes Ergebnis.« Shawn machte dabei ein so unglückliches Gesicht, daß sein Vater lachte und schnell hinzufügte: »Okay, Shawn, ich will dich zu nichts zwingen.« Er zuckte die Achseln und fuhr fort: »Wenigstens weißt du jetzt, wie das mit dem Verkaufen so ist.«

Nach Rogers Meinung war dies ein sehr guter Test für die Methode, seine Einstellung gegenüber einer Sache zu verändern. Shawn hatte eine negative Einstellung zum Verkaufen, und Roger wollte einen Weg finden, damit sein Sohn eine positive Einstellung dazu bekäme und ein Erfolgserlebnis hatte.

Shawn hatte bereits bei einem Kurs für Kinder mitgemacht und einige spektakuläre Ereignisse beim Seminar für

Jugendliche erlebt. Er hatte schon an vielen Seminaren teilgenommen, und deshalb fand er es auch nicht merkwürdig, was Roger jetzt zu ihm sagte.

»Shawn«, fragte sein Vater, »was hältst du davon, wenn ich dich mit einem Zauber belege, so daß dir jeder einen Dollar für das Malen der Hausnummer zahlt, wenn du an seine Tür klopfst?«

»Wirklich jeder?« fragte Shawn.

»Ja, jeder«, antwortete Roger.

Er hatte ja keine Angst vor dem Verkaufen, sondern davor, abgewiesen zu werden. Wenn er die Garantie bekäme, daß er jedesmal Erfolg hätte, brauchte er keine Angst vor Zurückweisungen zu haben. Selbst der schüchternste Verkäufer der Welt hätte den Mut eines Tigers, wenn der Verkaufsabschluß bei jedem Kundenbesuch garantiert wäre.

Der 13jährige Shawn stand neben dem Auto, als Roger ihn mit dem Zauber belegte. Er tippte mit dem Zeigefinger an Shawns Brust und beschrieb dann schnell einen fünfzakkigen Stern in der Luft mit einem Punkt in der Mitte zum Schluß. Shawn drückte dabei seine Brust heraus, als ob er das Symbol so besser in sich aufnehmen könnte.

»Das war's«, sagte Roger.

»Laß mich das noch mal klarstellen«, sagte Shawn. »Jeder, den ich anspreche, wird mir einen Auftrag geben?«

»Ja«, sagte Roger. Shawn schnappte sich seinen Eimer mit den Malutensilien und ging los. »Warte«, rief ihm sein Vater nach. Shawn kam wieder zurück, um zu hören, was sein Vater ihm noch sagen wollte. »Noch etwas, Shawn«, sagte Roger. »Wenn ich es mir recht überlege, dann wäre es nicht fair, wenn du jedesmal Erfolg hättest. Kannst du dich erinnern, daß ich dir schon einmal gesagt habe, daß man auch Lehrgeld bezahlen muß?«

Shawn erinnerte sich daran und hatte verstanden, daß es vielleicht nicht gut für seine Entwicklung wäre, wenn immer alles leicht ginge. Er wußte, daß er ein paar Schläge einstecken mußte, um am eigenen Leib zu erfahren, wie es Menschen ging, die es schwerer hatten.

»Also«, sagte Roger, »der Zauber funktioniert folgendermaßen: Du sprichst fünfzig Leute an. Die ersten 45 werden nein sagen. Die nächsten fünf werden dein Angebot annehmen. Kommst du damit klar?«

»Sicher«, antwortete Shawn, »aber ich werde sehen, daß ich die ersten 45 so schnell wie möglich hinter mich bringe.«

»In Ordnung«, sagte Roger, »du mußt nur an fünfzig Türen klopfen. Aber Shawn«, fuhr er fort, »ich habe den Zauber nicht ganz unter Kontrolle. Unter den 45 Negativen könnte auch der eine oder andere von den fünf ›sicheren Kunden‹ sein.« Er gab ihm ein Blatt Papier und einen Kugelschreiber und sagte: »Deshalb machst du hier jedesmal einen Strich, wenn du jemanden ansprichst, damit du weißt, wo du stehst. Wenn einer von den fünf ›Sicheren‹ daruntergerutscht ist, der dein Angebot annimmt, machst du einen Kreis um den Strich. Wenn du bei 45 bist und zweimal Erfolg hattest, dann wirst du von den drei nächsten den Auftrag bekommen.«

Shawn marschierte los, skeptisch, aber guten Mutes. Roger ging inzwischen einen Kaffee trinken und kam eine Stunde später wieder zurück. Shawn kam die Straße entlang gelaufen, die Hose über und über mit Farbe bespritzt. Als er seinen Vater sah, winkte er, und Roger hielt an.

»Mensch!« rief Shawn. »Dein Zauber funktioniert wirklich. Ich habe unheimlich viel Erfolg, Paps, laß mich noch hier, ich kann auch mit dem Bus nach Hause fahren. Ich möchte jetzt einfach noch nicht aufhören. Ich habe noch eine ganze Menge Farbe und könnte die ganzen Häuser hier machen.«

Roger erzählte die Geschichte so, wie sie tatsächlich passiert war. Die Methode funktionierte; die Einstellung seines Sohnes hatte sich verändert. Beim ersten Versuch hatte jedesmal eine persönliche Ablehnung auf ihn gewartet. Shawn haßte das. Er haßte das Gefühl, daß jedes Klingeln oder Klopfen jemanden an die Tür rufen würde, der ihn zurückwies. Das konnte er nicht lange verkraften.

Nachdem aber der sogenannte Zauber ausgesprochen worden war — eine Art Placebo-Effekt, weil Shawn glaubte, daß er die Menschen beeinflussen würde —, war alles ganz anders. Fünfundvierzig würden nein sagen. Das ist keine Zurückweisung. Das ist einfach etwas, das man erledigen muß, diese fünfundvierzig so schnell wie möglich hinter sich zu bringen, um zu den fünf zu kommen, die ihm den Auftrag geben würden.

Solange er das glaubte, konnte er ein ›Tiger‹ sein. Es machte ihm nicht nur nichts mehr aus, wenn sie ihm die Tür vor der Nase zuschlugen; es war ihm sogar recht, und je schneller, desto besser, denn danach konnte er wieder einen von den fünfundvierzig abhaken.

Was war passiert: Seine Begeisterung und sein Elan waren für jedermann sichtbar, und so nahmen zusätzlich viele Hausbesitzer sein Angebot an, die es sonst abgelehnt hätten.

Immer mehr ›Sichere‹ rutschten unter die fünfundvierzig, die sowieso ablehnen würden. Als Shawn beim fünfundvierzigsten Haus ankam, hatte der Zauber so gewirkt, daß er sich bei einem Nein nur noch dachte: »Okay, wieder einer erledigt.«

Seine Einstellung hatte sich verändert. Statt die Türen von einem negativen Standpunkt (Haß) aus zu sehen, begann er ihnen gegenüber einen positiven Standpunkt (Liebe) einzunehmen, und das half ihm dabei, sein Ziel zu erreichen.

Übrigens gibt es zu dieser Geschichte noch einen Nachtrag. Roger hatte in Shawn ganz unabsichtlich ein wahres Ungeheuer geweckt. Er hatte Shawn in den Sommerferien in die Verkaufstätigkeit eingeführt, und es dauerte nicht lange, bis sein Sohn 200 Dollar in der Woche verdiente und zwei Freunde für sich arbeiten ließ. Roger mußte seine ganze Überredungskunst aufbieten, damit er wieder in die Schule ging, als die Ferien zu Ende waren.

Wie können Sie die Moral von dieser Geschichte nun auf Ihr eigenes Leben übertragen? Denken Sie an etwas, das Sie zur Zeit gerade tun, das Ihnen aber keinen Spaß macht. Wenn Sie es, aus welchem Grund auch immer, wirklich tun müssen, dann sollten Sie sich die Methoden zunutze machen, die Sie jetzt kennengelernt haben. Denken Sie an die positiven Aspekte! Es muß irgend etwas Positives geben. Warum sollten Sie es sonst tun? Wenn Sie die positiven Aspekte erkannt haben, gehen Sie auf Alpha-Niveau und konzentrieren sich darauf. Stellen Sie sich die erfreulichen Seiten möglichst genau bildlich vor. Sehen Sie sich selbst, wie Sie die betreffende Angelegenheit erledigen und Spaß daran haben. Und dann fangen Sie an.

Entscheiden auch Sie sich für diese Umstellung von Haß auf Liebe, und Sie werden das Leben viel mehr genießen. Dann wird der positive Vorsatz ›Es geht mir jeden Tag in jeder Hinsicht besser und besser‹ in Ihnen wirklich Wurzeln schlagen, und Ihr Leben wird tatsächlich immer schöner werden.

3

Fünf Regeln zum Glücklichsein

Es kommt einem fast dumm vor, Glück zu definieren. Sie wissen, wann Sie glücklich sind, und brauchen sicher auch niemanden, der Ihnen sagt, wann Sie traurig sind. Aber was macht einen Menschen glücklich? Sie denken vielleicht zuerst an alle möglichen Erfahrungen. Musik macht mich glücklich, Eiscreme macht mich glücklich, er oder sie macht mich glücklich. Oder: Hausarbeit macht mich unglücklich, Tante Mabel deprimiert mich, usw.

Wichtig ist zu erkennen, daß das, was einen selbst glücklich macht, einen anderen vielleicht traurig stimmt. Umgekehrt kann es genauso sein. Manche Menschen geraten beispielsweise bei dem Gedanken an ein fünf Meter langes Motorboot ins Schwärmen. Für sie wäre es ein Höhepunkt ihres Lebens, ein solches Boot zu besitzen. Wer aber unbedingt eine zehn Meter lange Jacht haben möchte, für den könnte so ein kleines Motorboot eine herbe Enttäuschung, eigentlich ein Grund zum Trübsalblasen sein. Wer sich jedoch überhaupt nichts aus Booten macht, der würde dem allen neutral gegenüberstehen. Der eine, der einen süßen kleinen Hund geschenkt bekommt, ist ganz entzückt; der andere kann Hunde nicht ausstehen und muß sehen, wie er das arme Tier wieder los wird.

Der Besitz einer bestimmten Sache ist also kein Maßstab für Glück. Da alles subjektiv bewertet wird, hängt auch alles von dem einzelnen und seiner Einstellung dazu ab. Wir werden uns statt dessen eine bestimmte Philosophie zunutze machen.

Diese Philosophie besteht darin, sich über die Dinge zu freuen, die man mag; Sachen, die man nicht mag, zu vermeiden oder zu ändern; und das, was man weder vermeiden noch ändern kann, durch geschickte Handhabung des Standpunkts zu akzeptieren. Mit dieser Philosophie, die wir zu fünf Regeln zusammenfassen, können Sie viele Problembereiche in Ihrem Leben überprüfen und Lösungen dafür finden.

Hier sind also die fünf Regeln zum Glücklichsein.

Regel Nummer eins. Wenn dir etwas gefällt, genieße es. Das klingt unglaublich simpel. Sie werden vielleicht spontan sagen: »Das ist doch lächerlich; natürlich genieße ich Dinge, die ich mag.« Wenn Sie aber ein bißchen darüber nachdenken, werden Sie wahrscheinlich mit mir übereinstimmen, daß wir zwar viele Dinge im Leben mögen, sie aber nicht genießen.

Der Grund dafür sind a) Schuldgefühle und b) Angst. Man kann etwas nicht genießen, wenn man sich danach schuldig fühlt oder vor den Folgen Angst hat.

Regel Nummer zwei: Wenn dir etwas nicht gefällt, geh ihm aus dem Weg. Auch diese zweite Regel scheint ganz selbstverständlich zu sein, aber überlegen Sie einmal, wie viele Menschen Dinge tun, die ihnen eigentlich nicht passen — das kann mit der Arbeit, einem Menschen, einem bestimmten Essen, mit tausenderlei Dingen zu tun haben — und die sie aus irgendeinem Grund doch tun. »Nun, ich komme nicht drum herum. Ich muß arbeiten, weil ich das Geld brauche.« Oder: »Es gibt viele gute Gründe dafür, warum ich mit diesem Menschen Kontakt haben muß.« Es fallen Ihnen sicher viele Rechtfertigungen dafür ein, daß man Dinge tut, die man eigentlich nicht tun möchte.

Regel Nummer drei: Wenn dir etwas nicht gefällt, und es nicht zu vermeiden ist, ändere es. Auch hier ist die Antwort wieder sehr einfach: Ändere es. Aber ebenso wie bei Regel Nummer zwei rationalisieren wir und finden eine Ausrede — das Geld, die Zeit, die Sicherheit.

Regel Nummer vier: Wenn dir etwas nicht gefällt, du es nicht vermeiden und auch nicht ändern kannst oder willst, akzeptiere es. Es akzeptieren — hier gibt es einen Haken. Wie kann man etwas akzeptieren, das einem nicht paßt? Vielleicht haben Sie eine Lieblingstante, die Sie sehr gerne mögen, aber der obere Teil ihres Gebisses knackt jedesmal hörbar, wenn sie ein Wort mit *S* sagt; und Ihr Vorname ist Shirley. Sie hassen dieses Geräusch, und trotzdem mögen Sie diese Frau sehr gern, so daß Sie ihr nicht aus dem Weg gehen können. Sie haben auch schon versucht, diese Sache zu ändern und angeboten, ihr ein neues Gebiß zu kaufen; aus irgendeinem Grund aber möchte sie ihr altes behalten, und so können Sie nichts dagegen tun.

Wie um alles in der Welt sollen Sie das akzeptieren? Wie können Sie eine Situation akzeptieren, die Ihnen nicht gefällt? Wie können Sie einen Menschen akzeptieren, der Ihnen gegen den Strich geht? Nun ja, Sie müssen nichts akzeptieren; Sie können weiter unglücklich sein. Wenn Sie etwas nicht mögen, es nicht ändern oder umgehen können, und *es nicht akzeptieren,* dann garantiere ich Ihnen, daß Sie unglücklich sein werden. Es gibt aber fünf Regeln zum Glücklichsein, und in der fünften liegt die Lösung.

Regel Nummer fünf: Man akzeptiert etwas, indem man seine Einstellung dazu verändert. Sie selbst bestimmen Ihren jeweiligen Standpunkt. Alles ist vom subjektiven Erleben des jeweiligen Menschen abhängig. Nichts ist absolut gültig — nichts Gutes und nichts Schlechtes, außer im Bezug zu Ihnen selbst. Das Leben *ist* — weder gut noch schlecht. Sie können die Dinge ändern, die Sie ändern möchten, indem Sie Ihre Einstellung dazu ändern. Wie man das macht, steht im 2. Kapitel ›Liebe verändert alles‹. Hier wollen wir die fünfte Regel zum Glücklichsein mit einem kleinen Beispiel verdeutlichen.

George S., Teilnehmer eines Silva-Seminars zur mentalen Dynamik, beschloß während der Mittagspause zu einem nahegelegenen Restaurant zu fahren. Er ging zum Parkplatz und sah, daß sein Wagen am rechten Kotflügel eine Beule hatte. Jemand war im Rückwärtsgang gegen sein Auto geprallt und dann weggefahren. Das gefiel ihm gar nicht, aber er konnte es nicht mehr ändern, die Beule war da. Er hatte also nur die Wahl, darüber glücklich oder unglücklich zu sein. George entschied sich für das Glücklichsein. Er entschied sich dafür, seine Einstellung zu dem Vorfall zu ändern. Er blickte auf den Kotflügel und sah nicht mehr eine Beule, deren Reparatur viel Zeit und Geld kosten würde, sondern statt dessen einen Anreiz, etwas Positives zu entwickeln. Um aus der Geschichte mit der Beule etwas Positives zu ziehen, beschloß er, sich zusätzlich den dreifachen Betrag dessen zu verdienen, was die Reparatur kosten würde. Die Werkstatt verlangte 250 Dollar dafür, und er nahm sich vor, 750 Dollar zusätzlich zu verdienen. Und das tat er auch.

George hatte das Prinzip der Polarität auf den verbeulten Kotflügel übertragen. *Es paßte ihm nicht, er konnte es nicht verhindern und auch nicht ändern, aber er konnte seine Einstellung dazu verändern.* Beim Anblick des Kotflügels sah er den Betrag von 750 Dollar. Er nahm sich vor, dieses Geld zusätzlich zu verdienen, und das tat er auch. Er verdiente 750 Dollar, bezahlte 250 Dollar für die Reparatur, und hatte noch 500 Dollar übrig, die er nach Gutdünken verwenden konnte. Er war trotz dieser Erfahrung, über die sich die meisten anderen Menschen schrecklich geärgert hätten, weiter glücklich.

Wenn Sie auf Alpha-Niveau gehen und diese fünf Regeln beachten, werden Sie eine neue Beziehung zum Glücklichsein haben. Sie werden erkennen, warum die Menschen unglücklich sind. Sie werden diese Regeln schließlich verinnerlichen und feststellen, daß Sie fast immer glücklich sind. Wenn Sie einmal selbst erfahren haben, wie leicht Sie in dieses Gefühl ›einsteigen‹ können, werden Sie Ihre Hochs und Tiefs völlig neu bewerten.

Ständig glücklich zu sein ist natürlich nicht möglich — und auch nicht wünschenswert. Dem Prinzip des Rhythmus zufolge (siehe 4. Kapitel) gibt es immer einen Wechsel zwischen Ansteigen und Abnehmen, Flut und Ebbe. Man wird immer Hochs und Tiefs erleben — das läßt sich nicht vermeiden. Allerdings werden die Hochs und auch die Tiefs höher sein. Und Sie werden feststellen, daß das, was Sie als Depression erleben, für jemand anderen, der die fünf Regeln zum Glücklichsein nicht kennt, schon ein Zustand bescheidenen Glücks sein kann.

4

Die sieben großen Grundsätze

In der griechischen Mythologie war er einer der Götterboten. Die alten Griechen nannten ihn Hermes Trismegistos, den ›dreimal Größten‹. Bei den Römern hieß er Merkur, und auf ihren Bildern hatte er Flügel an den Schuhen und am Hut. Hermes wurde als der Vater der Wissenschaft, der Redekunst und der Schlauheit betrachtet. Er war aber auch der Schutzherr der Grenzen und des Handels. Er begründete die Alchimie, aus der sich schließlich Chemie und Medizin entwickelten, ebenso wie die Astrologie, die zur Grundlage der Astronomie wurde, die Mathematik, die Philosophie und praktisch alle anderen modernen Wissenschaften.

Hermes, der ein Zeitgenosse Abrahams gewesen sein soll, trug viel zu den späteren Grundlagen der esoterischen Lehre bei. Die ›hermetischen Grundsätze‹ finden sich sowohl in den ältesten indischen Lehren wie auch in den Schriftrollen der alten Ägypter, denn aus allen Ländern kamen weise Männer, um zu Füßen des Erlauchten Meisters zu sitzen. Seine Lehre ist über ein Jahrtausend lang verborgen geblieben und war nur wenigen bekannt. Im Mittelalter, als es überall Wächter des Glaubens gab, die jeden folterten und töteten, der sich mit den ›dunklen Geheimnissen‹ befaßte, wurde sie hinter den Mysterien des Okkultismus versteckt.

Über die Lehre von Hermes wird heute viel geschrieben, vor allem über die Sieben Grundsätze, die er postulierte, und die das Fundament alles Wissens sind. Das Interesse daran hat in den letzten Jahren stark zugenommen, weil Studenten auf der Suche nach der uralten Weisheit längst vergessene Manuskripte aufgestöbert haben. Wir wollen Ihnen diese Grundsätze zugänglich machen in der Hoffnung, daß Sie dadurch weiter wachsen und reifer werden.

Um den größtmöglichen Nutzen aus den Sieben Grundsätzen zu ziehen, sollten Sie auf Alpha-Niveau gehen und über jeden einzelnen nachdenken. Ihr Bewußtsein wird dabei klarer werden, und Sie werden einen weiteren Schritt auf dem Weg zur Erleuchtung tun. Erwarten Sie nicht, daß Sie die Grundsätze blitzartig verstehen. Das Verständnis stellt sich nach und nach ein, sobald jeder Grundsatz überdacht, verarbeitet und in der Praxis angewendet ist.

Die Sieben Grundsätze beeinflussen alles auf dieser Erde, und sie gelten für alle Zeiten. Sie können weder verändert noch zerstört werden. Man kann ihre Funktion wie die im Straßenverkehr geltenden Regeln verstehen. Da es allgemein gültige Regeln sind, gelten sie für alle Dinge, vom kleinsten Teilchen bis zum ganzen Universum. Wenn Sie diese Grundsätze verstehen, kommen Sie im Leben einen Schritt weiter. Diese Grundsätze sind nämlich die Regeln des Lebens.

Der erste der Sieben Grundsätze ist der der *Geistigkeit;* er lautet: *Das Universum ist eine geistige Schöpfung Gottes.* Und schon stehen wir vor einem großen Problem, denn dieser Grundsatz wird von den meisten Menschen mißverstanden. Heißt das, daß wir ein Traum irgendeiner unermeßlichen, so weit von uns entfernten Wesenheit sind, daß wir nie darauf hoffen können, die Natur Gottes auch nur annähernd zu verstehen, und damit auch uns selbst? Sind wir alle Roboter, die allmächtigen Wissenschaftlern hilflos ausgeliefert sind? Nein. So wie die Personen in einem Roman die Schöpfung des Schriftstellers sind und damit eine Seite seiner Person verkörpern, sind auch wir Menschen und das ganze Universum ein Teil des Schöpfers. Wir sind Teil der Schöpfung. So wie wir uns auf Gott beziehen, bezieht sich auch unser Universum auf uns. Die Welt, wie Sie sie erleben, ist real, ein Teil Ihrer selbst. Sie ist aber vielleicht ganz anders als meine Welt, denn im relativen Sinn ist meine Welt eine Schöpfung meines Geistes, so wie Ihre Welt eine Schöpfung Ihres Geistes ist.

Dieser Grundsatz führt zu einem besseren Verständnis unseres Geistes und seiner Arbeitsweise. Geistige Kraft — oder die Kontrolle des Geistes, wie wir es nennen —, hat ihre Wirkung, weil das Universum geistig ist. Man sieht alles vom relativen Standpunkt seines Geistes aus; das, was man denkt, sieht man auch. Ein Mensch denkt zum Beispiel, er sieht einen Baum; ein Eichhörnchen hingegen denkt, es sieht eine Wohnstatt. Ihr Freund denkt vielleicht, daß ein Bild von Picasso ein wunderbarer Wandschmuck ist, während Sie selbst denken, daß es eine lohnende Investition ist. Sie sehen eine Situation als großes Problem an, die für Ihren Partner vielleicht eine Herausforderung ist und deren Lösung er schon sieht. Natürlich hat jeder recht, denn was man zu sehen glaubt, sieht man auch. Die Methode von José Silva basiert auf der Tatsache, daß der Geist Kräfte und Ereignisse außerhalb seiner selbst steuern kann, weil die Welt, die wir sehen, unsere eigene geistige Schöpfung ist. Was wir erschaffen haben, können wir daher auch neu erschaffen. Unsere Absolventen setzen ihren Geist ein, um ihre Welt zu verändern und zu steuern.

Der zweite Grundsatz, über den man meditieren sollte, ist der Grundsatz der *Entsprechung;* er lautet: »*Wie oben, so unten; wie unten, so oben.*«

Wie es auf der körperlichen Ebene ist, so ist es auf der geistigen; wie es auf der geistigen Ebene ist, so ist es auf der spirituellen. Liegen die Hirnwellen im oberen Betabereich bei vierzig Hertz, dann entspricht dies auf emotionaler Ebene einem Zustand höchster Erregung. So wie das Universum eine geistige Schöpfung Gottes ist, so ist Ihre persönliche Welt eine Schöpfung Ihres Geistes.

Das Verständnis dieses Grundsatzes trägt dazu bei, viele Emotionen zu erschließen, sowohl positive wie negative. Er hilft Ihnen auch, mit den unterschiedlichsten Problemen fertig zu werden: Wenn Sie zuerst den leichteren Teil Ihres Problems angehen, lösen Sie — bis zu einem gewissen Maß — dasselbe Problem auch in seiner stärksten Ausprägung (17. Kapitel ›Sich durchsetzen, nicht das Opfer sein‹). Wie Sie im folgenden sehen werden, ist der Grundsatz der Entsprechung auf die mentale Dynamik, aber auch auf Ihr Alltagsleben, in vielerlei Weise anwendbar.

Der dritte Grundsatz ist der der *Schwingung;* er lautet: *Alle Dinge sind in ständiger, nie endender Bewegung. Eine Änderung der Schwingung führt auch zu einer Änderung der Erscheinungsform.* Gesundheit hat eine Schwingung; Krankheit hat eine Schwingung. Erfolg hat eine Schwingung, und Mißerfolg hat eine Schwingung. Wenn man die Schwingung verändert, verändert sich auch die Erscheinungsform der betreffenden Sache. Aus Wasser wird bei starker Schwingung Dampf; bei schwacher Schwingung Eis. Wasser, Eis und Dampf sind jedoch dasselbe, sie unterscheiden sich nur durch die Schwingung, die die Veränderung der Erscheinungsform bewirkt.

Die erste Note der Tonleiter ist das A. Beim Klavier vibriert das A über dem eingestrichenen C mit 880 Schwingungen pro Sekunde. 880 Schwingungen pro Sekunde sind also ein A. Jederzeit. Wenn man nun zum Beispiel bei einer Gitarre die A-Saite etwas lockert, so daß sie mit 870 Schwingungen je Sekunde vibriert, liegt der Ton etwas daneben. Jemand mit einem musikalischen Gehör würde sagen, daß es ein As ist. Das A, könnte man sagen, ist etwas erkältet; es ist nicht ganz gesund.

Lockert man die A-Saite noch mehr, so daß sie mit 860 Schwingungen je Sekunde vibriert, dann klingt der Ton schon erheblich anders. Selbst wenn man ein A nicht von einem G unterscheiden kann, hört man, daß es sich um einen anderen Ton handelt. Das A ist jetzt sehr krank; es hat Lungenentzündung. Lockert man die A-Saite noch mehr, ist das A nicht mehr zu erkennen; es ist gestorben. Aber das ist kein Grund zur Sorge, man kann ein A leicht wieder zum Leben erwecken. Man muß nur die Saite fester spannen.

Wie oben, so unten; wie unten, so oben. Wie bei der Gitarrensaite ist es auch mit Ihrem Körper. Denn wenn Sie krank sind, dann heißt das, daß die Schwingungen nicht mehr stimmen. Stellen Sie die Schwingungen richtig ein, und Sie werden wieder gesund.

Der vierte Grundsatz ist der Grundsatz der *Polarität;* er lautet: *Jede Sache hat zwei Seiten, zwei gegensätzliche Pole, die dem Wesen nach identisch sind und sich nur vom Ausmaß her unterscheiden.* Groß und klein ist das gleiche. Es gibt große kleine Leute, und es gibt kleine Basketballspieler. Es gibt kein absolutes Groß oder Klein; es kommt immer auf die Relation an. Heiß und kalt sind dasselbe, wie wir beim Grundsatz der Schwingung gesehen haben. Der Grundsatz der Polarität kommt zum Tragen, wenn wir von der Abneigung zur Zuneigung wechseln, von Angst zur Zuversicht, vom Haß zur Liebe. Er hilft uns dabei, uns selbst zu verzeihen, statt Schuldgefühle zu haben, und Verärgerung durch Toleranz zu ersetzen.

Wir wenden diesen Grundsatz oft an, um die Bedeutung von Wörtern wie Liebe, Angst und Ärger zu erhellen. Wir definieren das Wort, indem wir uns sein Gegenteil genau ansehen. Nehmen wir einmal das Wort *Angst.* Was ist Angst? Etwas Negatives, sicher. Aber ein negatives Was? Stellen wir uns wieder eine Art Meterstab mit einem negativen und einem positiven Ende vor. Die Angst hätte hier ihren Platz am negativen Ende. Nach einigem Nachdenken kämen Sie zu dem Schluß, daß es sich um eine Erwartung handelt. Der

Natur des Wortes entsprechend, würde man die Erwartung an das negative und auch an das positive Ende der Skala stellen. Angst ist also eine *negative* Erwartung: Man erwartet, daß etwas Schlimmes passiert. Zuversicht ist eine *positive* Erwartung: Man erwartet, daß etwas Gutes geschieht. Angst und Zuversicht sind demnach das gleiche, sie unterscheiden sich nur dadurch, wie stark die positive oder die negative Seite vertreten ist. Wenn Sie darauf Einfluß nehmen, verändern Sie auch die entsprechende Emotion.

Der fünfte Grundsatz ist der des *Rhythmus;* er lautet: *Bei allem gibt es ein Auf und Ab, Ebbe und Flut.* Alles wächst und vergeht. Alle Dinge sind einem rhythmischen Kreislauf von Geburt, Wachstum, Verfall und Tod unterworfen. Es gibt Zyklen und rhythmisch verlaufende Funktionen, die uns ständig, zu jeder Tageszeit beeinflussen. Wenn man aufwacht, wird ein neuer Tag geboren; der Tagzyklus beginnt. Mit dem Frühstück beginnt ein Zyklus, der mit dem Ende des Frühstücks abgeschlossen ist. Der Tag stirbt, wenn man schlafen geht, und gleichzeitig beginnt damit der Nachtzyklus. Auch die Träume sind ein Zyklus. Alles, was man tagsüber tut, verläuft zyklisch. Man weiß nie, an welcher Stelle des Zyklus man sich gerade befindet; das kann man nur rückblickend sagen.

Wenn man etwas sozusagen ›bei Flut‹ angeht, ist die Wahrscheinlichkeit größer, daß es gelingen wird. Wir alle haben bei unseren Zyklen Hoch- und Tiefpunkte. Das gilt für den Schlafzyklus, den Gesundheitszyklus, den Energiezyklus, den Erfolgszyklus, den Glückszyklus usw. Jeder Zyklus erstreckt sich über einen anderen Zeitraum. Der Mondzyklus umfaßt, ebenso wie der Menstruationszyklus, 28 Tage, der Schlafzyklus 90 Minuten. Die meisten anderen Zyklen bleiben uns jedoch verborgen. Wenn Sie Ihr Leben einmal graphisch darstellen und auf diesem Diagramm Erkältungen, Phasen besonderer Energie, Glück, Liebesbeziehungen, Zeiten der Begeisterung oder Lethargie eintragen würden, dann könnten Sie einen Rhyhtmus feststellen, wie bei allen anderen Dingen auch. Um mehr über Ihre Lebenszyklen zu erfahren, gehen Sie auf Alpha-Niveau und wenden die Drei-Finger-Technik an. Sagen Sie sich, daß Sie den jeweiligen Zyklus, über den Sie mehr wissen wollen, auf Alpha-Niveau näher untersuchen und sich dessen bewußter werden wollen. Wenn Sie zum Beispiel auf dem Höhepunkt Ihrer Glücksperiode bei einer Lotterie mitmachen, stehen die Chancen sehr gut, daß Sie gewinnen. Wenn Sie auf dem Höhepunkt Ihres Erfolgszyklus eine Wohnung suchen, werden Sie auch die für Sie beste finden. Im Verkauf Tätige werden feststellen, daß sie immer zu bestimmten Zeiten im Monat Erfolg haben.

Der sechste Grundsatz ist der Grundsatz von *Ursache und Wirkung;* er lautet: *Jede Ursache hat ihre Wirkung, und jede Wirkung hat ihre Ursache.* Hinter allen Dingen steht eine Gesetzmäßigkeit. Unfälle und Zufälle sind das Ergebnis nicht erkannter Ursachen. Eine kurze Geschichte soll diesen Grundsatz verdeutlichen. Eines Tages fiel in einem Wald in Kalifornien ein Blatt von einem Baum. Es landete auf dem Boden, und eine dicke grüne Raupe, die dort gerade entlang kroch, mußte ihm schnell ausweichen. Sie kam dadurch zu einem Baumstamm, an dem sie hoch kroch. Als sie ganz oben war, kam ein Mann vorbei, setzte sich und zerquetschte dabei die Raupe. Der Mann sprang auf und faßte an den Hosenboden, wo jetzt ein klebriger Fleck war. Als er nach Hause kam, zog er sich um und brachte die Hose in die Reinigung. Dort begegnete er einer jungen Frau, sie kamen ins Gespräch und setzten die Unterhaltung in einem Café um die Ecke fort.

Sie trafen sich von da an öfter, verliebten sich ineinander, heirateten und bekamen ein Kind. Ihr Sohn, der sehr klug war, machte sich gut in der Schule, wurde Anwalt, ging dann in die Politik und machte in seiner Partei Karriere.

Und so wurde, weil eines Tages in einem Wald ein Blatt vom Baum gefallen war, Richard Nixon der 37. Präsident der Vereinigten Staaten. Ursache und Wirkung.

Der siebte Grundsatz ist der Grundsatz des *Geschlechts;* er lautet: *Alles hat einen männlichen und einen weiblichen Aspekt.* Die Geschlechter manifestieren sich auf der körperlichen Ebene, auf der geistigen Ebene und auch auf der spirituellen Ebene. Das Männliche ist die nach außen gerichtete, positive, treibende Kraft. Das Weibliche ist die nach innen gehende, empfangende, negative und schöpferische Kraft. Das hat nichts mit Mann- oder Frausein zu tun, obwohl sich auch hier der Grundsatz des Geschlechts auf der körperlichen Ebene manifestiert. Bei einem dynamischen Redner zum Beispiel manifestiert sich während des Sprechens die männliche Kraft, ob der Redner nun ein Mann oder eine Frau ist. Über diesen Grundsatz werden wir im 24. Kapitel ›Kommunikation‹ noch ausführlicher sprechen.

Diese Sieben Grundsätze sind unwandelbare Naturgesetze. Sie können weder verändert noch zerstört werden. Man kann jedoch das eine Prinzip gegen das andere einsetzen, das höhere gegen das niedrigere, das niedrigere gegen das höhere. Ein Baumstamm, der einen Fluß hinuntertreibt, ist der Strömung ausgeliefert. Ein Mensch, der in diesem Fluß schwimmt, kann die Grundsätze von Ursache und Wirkung, Aktion und Reaktion anwenden, um ans Ufer zu gelangen. Man muß diese Gesetze nicht einmal verstehen, um ans Ufer zu kommen; man schwimmt einfach darauf zu. Wenn man sie aber versteht, kann man sich schon am Ufer überlegen, was zu tun wäre, wenn man in den Fluß fallen sollte. Erweitern wir diese Metapher, dann könnten wir auch das Universum, unseren Planeten und den menschlichen Geist als Fluß bezeichnen.

Sie sollten über diese Grundsätze meditieren, sie zu erfassen suchen und sie so einsetzen, daß sie Ihnen in allen Lebenslagen eine Hilfe sind. Wie nützlich sie sind, wird sich um so mehr zeigen, je mehr Sie selbst wachsen und sich weiterentwickeln. Die Grundsätze manifestieren sich oft sehr deutlich, manchmal sind sie auch schwerer zu erkennen. Sie ziehen sich jedoch durch das ganze Buch und liegen, wie Sie feststellen werden, allem zugrunde.

Betrachten Sie unsere Technik der ›geistigen Bühne‹ (12. Kapitel) einmal unter dem Gesichtspunkt, wie die Kräfte der beiden Geschlechter arbeiten, wenn wir mentale Botschaften aussenden. Wie sich der Grundsatz der Entsprechung auswirkt, können Sie zum Beispiel erkennen, wenn Sie sich durch selbstsicheres Handeln aus Ihrer Opferrolle befreien. Der Grundsatz der Schwingung wird im Zusammenhang mit Krankheit und Gesundheit sehr deutlich. Versuchen Sie, das Gesetz von Ursache und Wirkung besser zu verstehen, und schaffen Sie sozusagen neue Ursachen, indem Sie sich Ziele setzen (siehe dazu 23. Kapitel ›Wie erreiche ich mein Ziel?‹). Machen Sie sich den Grundsatz der Polarität zunutze, um eine negative Einstellung zum Positiven zu verändern, um Zuversicht an die Stelle von Angst und Liebe an die Stelle von Haß zu setzen.

5

Die Erfolgsbilder

Menschen, denen Geschirrspülen Spaß macht, gehen mit einer bestimmten Vorstellung in die Küche, um sie in Ordnung zu bringen: Sie sehen eine fleckenlose Spüle vor sich, das saubere, trockene Geschirr und sonstige Utensilien schön im Schrank eingeräumt. So sieht das unbewußte geistige Bild bei Menschen aus, die gern Geschirr spülen. Sie sehen nicht einen Berg schmutzigen Geschirrs vor sich, sondern eine auf Hochglanz gebrachte Küche.

Wer nur ungern Geschirr spült, sieht im Geiste schmutzige Teller und Tassen, eine fleckige Spüle, einen schmutzigen Herd und überall Fettspritzer. Kein Wunder, wenn man es haßt, die Küche in Ordnung zu bringen.

Unsere geistigen Bilder machen uns in jeder Beziehung zu dem Menschen, der wir sind. Unsere Welt, unsere Wirklichkeit existiert in unserem Kopf, und unsere geistigen Bilder können die Welt zum Paradies oder zur Hölle machen. Aus dieser Erkenntnis heraus ist eine der vielseitigsten und wirksamsten Techniken der mentalen Dynamik entstanden, nämlich die der ›Erfolgsbilder‹.

Das Konzept der Erfolgsbilder basiert darauf, daß das Verhalten durch die Kraft der geistigen Bilder beeinflußt wird. Es wurde erstmals im Jahr 1966 in einem Silva-Grundkurs vorgestellt. Die Technik besteht unter anderem darin, daß man Dinge, die man reduzieren oder abstellen möchte, ›blau einrahmt‹, wohingegen man die Dinge, die man verstärken oder an sich ziehen möchte, um sein Leben besser in den Griff zu bekommen, ›weiß einrahmt‹. Wenn Sie irgend etwas beunruhigt, ängstlich oder ärgerlich macht oder Schuldgefühle in Ihnen auslöst, dann wird immer ein geistiges Bild davon geschaffen, ebenso wie vom Gegenteil. Wenn Sie vor etwas Angst haben, dann schaffen Sie in sich ein Bild vom Gegenteil dieser Angst. Bei Höhenangst könnten Sie sich zum Beispiel vorstellen, ein Adler zu sein, der hoch über der angstbesetzten Stelle ruhig seine Kreise zieht. Wenn Sie Angst vor Würmern haben, dann können Sie sich bildhaft vorstellen, wie sie den Boden unermüdlich auflockern und düngen, damit darauf riesige Pflanzen wachsen können. Wenn es Ihnen Angst macht, vor anderen zu sprechen, dann können Sie sich im Geiste als Redner vor einem hingerissenen Publikum sehen, dem man anschließend für seinen gelungenen Vortrag gratuliert.

Wenn Sie sich etwas abgewöhnen wollen, dann überlegen Sie zuerst, was Sie als Ersatz für diese Gewohnheit annehmen möchten. Nehmen wir an, Sie wollen mit dem Rauchen aufhören und diese Gewohnheit dadurch ersetzen, daß Sie jedesmal einen Schluck Wasser trinken, statt eine zu rauchen. Sie werden dann jedesmal, wenn das Verlangen nach einer Zigarette aufkommt, Wasser trinken wollen.

Der grundlegende Unterschied zwischen Visualisierung und Tagträumen liegt darin, daß die Visualisierung ein bewußter, schöpferischer Vorgang ist und das Tagträumen nur der Entspannung dient.

Und nun zur praktischen Anwendung der Erfolgsbilder.

Sie setzen sich bequem hin und gehen auf Alpha-Niveau. Dann stellen Sie sich bildhaft vor, wie Sie rauchen. Geben Sie der Szene einen blauen Rahmen, vergrößern Sie die Szene, gestalten Sie sie farbig und dynamisch. Bringen Sie Bewegung hinein, und setzen Sie auch so weit wie möglich Ihre fünf Sinne ein. Spüren Sie, wie sich die Zigarette anfühlt, wie sie schmeckt, wie der Rauch riecht. Machen Sie die Szene dreidimensional.

Als nächstes stellen Sie sich ein weiß eingerahmtes Bild von dem vor, das Sie als Ersatz für die Angewohnheit nehmen wollen. Machen Sie dieses weiß eingerahmte Bild ziemlich klein, so daß es etwa ein Zehntel der Größe des blau eingerahmten hat. Schieben Sie das weiß eingerahmte Bild in die linke untere Ecke des großen blau eingerahmten. Im weiß eingerahmten Bild sehen Sie sich selbst, wie Sie einen Schluck Wasser trinken. Diese Szene bleibt undeutlich, schwarzweiß, flach und klein.

Nun zählen Sie im stillen: ›eins, zwei, drei‹. Bei drei sagen Sie ›wechseln‹ und wechseln die Bilder. Jetzt ist das blau eingerahmte Bild, auf dem Sie sich rauchen sehen, das kleinere; das weiß eingerahmte Bild, auf dem Sie sich einen Schluck Wasser trinken sehen, ist das größere. Schieben Sie das kleinere, blau eingerahmte Bild in die rechte untere Ecke des jetzt größeren, weiß eingerahmten. Die rechte Seite steht für die Vergangenheit, die linke Seite für die Zukunft. Das weiß eingerahmte Bild zeigt immer das, was Sie verstärken, das blau eingerahmte, was Sie reduzieren wollen.

Als nächstes intensivieren Sie die Szene auf dem weiß eingerahmten Bild. Die Szene auf dem blau eingerahmten machen Sie schwächer. Auf dem weiß eingerahmten Bild sehen Sie sich selbst einen Schluck Wasser trinken. Vergrößern Sie die Szene, machen Sie sie dreidimensional; geben Sie ihr mehr Tiefe, Farbigkeit und Lebendigkeit.

Machen Sie das blau eingerahme Bild kleiner, undeutlich, schwarzweiß. Verkleinern Sie es weiter, machen Sie es flacher und eindimensional. Sie sehen sich auf dem Bild im blauen Rahmen rauchen, aber die Szene ist bald so winzig, daß sie nur noch die Größe einer Bohne hat. Gleichzeitig wird das weiß eingerahmte Bild größer, heller und schärfer. Das blau eingerahmte Bild verschwindet ganz.

Mit dieser Methode können Sie sich von Ängsten und Gewohnheiten lösen. Es steckt aber noch viel mehr dahinter, was wir am Beispiel von Stanley E. verdeutlichen wollen.

Stanley E., Teilnehmer an einem Silva-Kurs zur mentalen Dynamik, hatte ein Problem. Er zögerte immer alles so lange hinaus, daß er praktisch nie etwas zu Ende brachte. Stanley war etwas über 1,70 m groß, brachte fast 110 kg auf die Waage, rauchte ein bißchen zuviel, trank ein bißchen zuviel und saß nach der Arbeit so lange vor dem Fernseher, bis es Zeit zum Schlafengehen war.

Angeln machte ihm Spaß, aber er schob es immer wieder hinaus, zum Fischen zu gehen; er fühlte sich oft müde, und es war ihm bequemer, vor dem Fernseher zu sitzen. Er sah sich auch gerne Filme im Kino an, aber dazu mußte er ja aus dem Haus gehen, und so ging er sehr selten ins Kino. Er wollte auf einer Karibikinsel Urlaub machen, aber das bedeutete für ihn einen so großen Aufwand, daß er die Idee fallenließ.

In seinem Schlafzimmer hatte er eine Büroecke eingerichtet. Auf dem Schreibtisch stapelten sich verschiedene Unterlagen und Papiere. Kugelschreiber, Heftklammern und aller möglicher Krimskrams lagen durcheinander. Er wollte das schon lange einmal aufräumen. Aber der Fernseher übte eine geradezu magnetische Anziehungskraft auf ihn aus, und so sehr er sich auch bemühte, er schien sich nur endlich zum großen Aufräumen entschließen zu müssen, um unweigerlich mit einer Flasche Bier vor dem Fernseher zu landen.

Er fragte sich, ob ihm die mentale Dynamik dabei helfen könnte, aus diesem Teufelskreis auszubrechen. Einen Versuch war es ihm wert, und so nahm er an einem Kurs teil.

»Wie kann ich dieses Verhalten, ständig alles aufzuschieben, ein für allemal loswerden?« fragte er den Ausbilder gleich am ersten Tag.

»Warum wollen Sie das denn?«

Stanley schaute etwas verdutzt drein und dachte, daß das doch wohl klar sei. Laut sagte er aber: »Weil es mein Leben ruiniert. Es beherrscht mich. Es macht mich fertig. Es hält mich davon ab, die Dinge zu tun, die mir Spaß machen.«

Der Ausbilder nickte lächelnd, denn die Geschichte kam ihm bekannt vor. Zu Stanley aber sagte er: »Dieses Verhalten könnte in Ihrem Leben ein sehr nützliches Hilfsmittel sein, ein wunderbares Werkzeug. Warum setzen Sie es nicht gezielt ein?«

Stanley blickte ihn ziemlich verwirrt an, kratzte sich am Kopf und sagte: »Ein Hilfsmittel? Aber es ist doch etwas Negatives. Wie kann ich es konstruktiv einsetzen?«

»Das werden wir gleich sehen. Kommen Sie her.«

Stanley setzte sich auf einen Stuhl und entspannte sich. Der Kursleiter bat ihn, sich vorzustellen, daß er zu Hause sei. Er sollte alles beschreiben, was ihm in den Sinn kam, auch ob die Bilder klar oder weniger deutlich waren.

»Ich sitze am Schreibtisch in meinem Schlafzimmer«, begann Stanley. »Ich habe mir da eine kleine Büroecke eingerichtet. Auf dem Schreibtisch liegen Berge von Papier. Es ist sechs Uhr abends, Captain Kirk fällt mir ein, ›Star Trek‹ läuft jetzt gerade, jetzt sehe ich fern. Ich lächle.«

Der Kursleiter unterbrach Stanleys Schilderung. »Versuchen Sie, Ordnung in die Papiere auf Ihrem Schreibtisch zu bringen, und erzählen Sie, an was Sie dabei denken. Beschreiben Sie Ihre Gedanken bei allem, was Sie tun. Sagen Sie mir, ob die Bilder deutlich oder verschwommen, hell oder eher dunkel sind. Seien Sie so präzise wie möglich.«

Stanley, der weiter mit geschlossenen Augen da saß, schwieg einen Moment. Dann sagte er: »Ich bin noch im Schlafzimmer. Ich sehe die Papierberge auf dem Schreibtisch. Es ist ein großes Durcheinander. Das Bild ist nicht sehr deutlich. Die Farbe, nun es gibt eigentlich keine richtige Farbe, die Szene ist in Schwarz, Weiß und Grau gehalten. Jetzt sehe ich plötzlich Captain Kirk in der *Enterprise* vor mir. Sulu lächelt, und auch McCoy und Spock sind da.«

Der Kursleiter unterbrach Stanley wieder und sagte: »Beschreiben Sie bitte, wie intensiv dieses geistige Bild ist. Sind die Personen im Raumschiff klar und deutlich zu sehen?«

Stanley lächelte. »Ja, ich sehe sie ganz deutlich vor mir, auch farbig und dreidimensional. Ich kann sie praktisch berühren. Und ab und zu hole ich mir jemanden wie mit der Kamera ganz nah heran.«

»Und was ist mit den Bildern der Büroecke?«

Stanley schüttelte den Kopf. »Oh, das ist überhaupt kein Vergleich. Es ist alles verschwommen, klein, undeutlich und düster.«

»Also«, sagte der Ausbilder, »das Bild von der Büroecke ist verschwommen und klein, das Bild der *Enterprise* ist deutlich und groß. Ich möchte, daß Sie jetzt um das Bild vom Raumschiff einen Rahmen ziehen, einen blauen. Das Bild von der Büroecke rahmen Sie weiß ein. Ich zähle jetzt von eins bis drei und sagte dann ›wechseln‹. In diesem Moment wird das Bild von der Büroecke deutlich und groß, und das Bild der *Enterprise* wird klein und verschwommen. Eins, zwei, drei, *wechseln.*«

Die Bilder in Stanleys Kopf veränderten sich. Das Bild der Büroecke war jetzt deutlich und hell, dreidimensional und plastisch. Stanley wurde angewiesen, das Bild zu intensivieren, so daß er es nicht nur vor sich sah, sondern sich mittendrin fühlte. Dann sollte er die ganze Büroecke in sauberem, aufgeräumtem Zustand visualisieren. Dieses Bild war jetzt deutlich, sehr plastisch, farbig und groß. Das Bild vom Raumschiff war inzwischen schon verschwunden.

Stanley öffnete die Augen und lächelte. Er sagte, daß er es gar nicht mehr erwarten könne, bis das Seminar zu Ende sei, damit er seinen Schreibtisch in Ordnung bringen könne. Er sah das Ganze jetzt buchstäblich mit anderen Augen. Sein geistiges Bild hatte sich mit seiner Einstellung verändert.

Der Kursleiter blickte ihn an und fragte: »Stanley, haben Sie schon einmal eine Diät gemacht?«

Er nickte. »Klar, schon ziemlich oft. Bei mir hat keine funktioniert. Ich kann das Essen gar nicht schnell genug herunterschlucken, ob ich nun eine Diät mache oder nicht.«

»Sie sind doch ziemlich geübt darin, Sachen aufzuschieben. Warum machen Sie sich diese Fähigkeit nicht zunutze, um das Essen hinauszuschieben?«

Stanley blickte den Kursleiter wieder ziemlich verwirrt an. »Wie meinen Sie das?« fragte er.

»Wenn Sie etwas hinausschieben, verkleinern Sie das Bild von dem, was Sie eigentlich nicht tun wollen, und Sie vergrößern das Bild von der Sache, die Sie wirklich tun möchten. Wenn man etwas aufschiebt, dann macht man statt dessen etwas anderes. Diese Ersatzhandlung ist immer etwas, das man lieber tut. Sie können mit diesem Wissen Ihr Verhalten jetzt dazu einsetzen, Dinge wie Rauchen, Trinken oder sich mit Essen vollzustopfen, aufzuschieben.

Und wie ist es mit Ärger, Gereiztheit, Eifersucht, Schuldgefühlen? Wie wäre es, wenn Sie sich diesen Hang zum Aufschieben, der bei Ihnen anscheinend recht ausgeprägt ist, dazu nützten, auch solche Dinge einfach aufzuschieben? Warum sollte man sich dieses Verhalten nicht überhaupt zunutze machen, um all die negativen Dinge im Leben eine Zeitlang beiseite zu schieben? Warum nicht das Altwerden hinausschieben, eine Erkältung oder Krankheiten überhaupt? Warum sollte man so etwas nicht hinausschieben?

Ihnen steht ein wunderbares, positives Hilfsmittel zur Verfügung, das Sie falsch eingesetzt haben. Eigentlich haben Sie es gar nicht benutzt, sondern es hat Sie benutzt.

Wie wäre es, wenn Sie es aufschieben würden, Dinge aufzuschieben?«

Die Kursteilnehmer lachten, und Stanley begann es allmählich zu dämmern, was es mit diesem Verhalten auf sich hatte. Er war geübt darin. Er begann zu verstehen. Warum sollte man etwas aufgeben, was man zu seinem Vorteil einsetzen konnte? Er mußte nur das Konzept von den blau und weiß eingerahmten Bildern noch besser verstehen, und dann war alles klar.

Warum sollte man die unangenehmen Dinge im Leben nicht einfach hinausschieben? Dieses Aufschieben — das heißt, sich von der betreffenden Sache ein schwaches, verschwommenes geistiges Bild zu machen — kann zu einem wertvollen Hilfsmittel werden. Angenommen, es ist in der Vergangenheit etwas Unangenehmes passiert, das Ihnen immer noch nachhängt. Der Grund dafür ist, daß Sie sich ein starkes geistiges Bild davon geschaffen haben. Sie wissen jetzt, daß man von der Sache, die man aufschiebt, nur ein verschwommenes Bild hat; das Bild von der Sache, die man als Ersatz dafür nimmt, ist hingegen deutlicher und heller. Machen Sie das Bild der unangenehmen Sache schwächer, verschwommener und kleiner, und es wird Sie nicht mehr beunruhigen, weil Sie es aufschieben, daran zu denken. Statt dessen denken Sie an ein helleres, deutlicheres Bild. So funktioniert der menschliche Geist, und so können auch Sie Ihren Geist kontrollieren, indem Sie Ihre geistigen Bilder bewußt verändern.

Wenn Sie das Konzept der Erfolgsbilder verstehen, werden die Dinge klarer. Gilt es nicht auch dann — verstärken Sie einmal das geistige Bild von sich selbst, wie Sie mit Zahnschmerzen auf dem Behandlungsstuhl sitzen —, wenn Sie Angst vor dem Zahnarzt haben? Sie beschwören damit Bilder von Schmerzen und Schwierigkeiten herauf, die das Ganze zu einer höchst unangenehmen Erfahrung machen. Wenn das der Fall ist, verstärken Sie das falsche Bild.

Legen Sie statt dessen die Spitzen der ersten drei Finger beider Hände aneinander (das ist ja unser auslösendes Signal), und lassen Sie in sich das Bild Gestalt annehmen, wie Sie mit in Ordnung gebrachten Zähnen und einem Lächeln auf den Lippen die Zahnarztpraxis verlassen. Dieses Bild machen Sie zu Ihrem Erfolgsbild, das andere versehen Sie mit einem blauen Rahmen. Der Trick besteht darin, die Erfolgsbilder bewußt einzusetzen und zu wissen, welches Bild man abschwächen und welches man verstärken muß.

Der
Denkprozeß

6

Streß

Sie hören es am laufenden Band: Streß ist die Ursache all unserer Probleme. Bücher, Fernsehsendungen, Filme — alles vermittelt uns die gleiche Botschaft: Streß verursacht Probleme. Krankheit, Verdauungsstörungen, Übergewicht, Hautausschlag, Schlaflosigkeit, Ausgebranntsein durch die Arbeit, das Scheitern von Ehen, Familienstreitigkeiten, Probleme mit Freunden, Verlust des Arbeitsplatzes, Depressionen — alle diese Dinge werden mit Streß in Verbindung gebracht. Und was noch wichtiger ist, Streß ist nicht nur die Ursache dieser Probleme, sondern die Probleme selbst verursachen neuen Streß.

Was ist eigentlich Streß? Es ist zweifellos eine Art Kraft, eine vom menschlichen Geist hervorgebrachte Kraft, die den Körper in irgendeiner Weise entstellen, überbeanspruchen, niederdrücken oder verformen kann. Streß zieht nicht nur die äußerlich sichtbaren Körperteile in Mitleidenschaft, sondern auch die Organe und Zellen, die unseren Augen verborgen bleiben.

Streß wirkt sich nicht nur auf den Körper negativ aus. Auch der Geist wird überbeansprucht und verformt. Wenn man unter Streß steht, hat man zu den Dingen eine ganz andere Einstellung; was man sonst deutlich sieht, ist jetzt nur wie durch eine Milchglasscheibe wahrnehmbar. Die Wahrnehmung ist verzerrt, das Selbstwertgefühl angeschlagen, und man geht mit seinen Mitmenschen ganz anders um.

Der Körper empfindet ein streßbeladenes Ereignis instinktiv als Bedrohung und antwortet darauf mit der Kampf-oder-Flucht-Reaktion. Der Geist meldet dem Körper in Streßsituationen: Gefahr droht, fertigmachen für Kampf oder Flucht. Der Körper, der nicht weiß, daß ihm vielleicht gar keine reale Gefahr droht, reagiert auf diese Botschaft. Achten Sie einmal auf die körperlichen Veränderungen, die sich in einer Streßsituation einstellen. Man zieht die Schultern nach vorn, wie um sich zu schützen, und die Gesichtsmuskeln spannen sich, weil man vor der Situation zurückschreckt. Man fühlt einen Druck in der Brust, die Magenmuskeln verhärten sich, und auch die Gesäßmuskeln sind angespannt. Die ganze Muskulatur ist angespannt, um sich auf einen möglichen Angriff vorzubereiten. Eine leichte Übelkeit stellt sich ein, weil der Körper den Mageninhalt rasch weiterbefördern will, damit man schneller laufen kann. Wird die Gefahr als unmittelbar und groß erlebt, kann es zu einer plötzlichen Darmentleerung kommen. Der Atem geht etwas schneller, damit das Blut mehr Sauerstoff und die Zellen mehr Energie bekommen. Venen und Arterien erweitern sich, damit das Blut schneller fließen und so den Sauerstoff schneller verteilen kann. Ist der Anfangsreiz vorbei und der Adrenalinspiegel wieder auf das normale Niveau gesunken — er ist unter Streß höher, damit der Körper zur Abwehr der Gefahr mehr Energie hat —, ist man geschwächt, was das Unwohlsein noch verstärkt.

Wenn der Streß längere Zeit anhält, verlieren die Zellen ihre Fähigkeit, sich zu reproduzieren. Die zahlenmäßig reduzierte Armee der Körperzellen kann dem Angriff von Krankheitskeimen und Viren, die körperliche Beschwerden und Erkrankungen auslösen, nicht mehr standhalten.

Am Dienstag nach einem Wochenendseminar rief eine Frau bei einem unserer Ausbilder an und sagte ganz aufgeregt: »Ich bin erkältet.« Natürlich war der Ausbilder daraufhin etwas perplex.

Warum rief sie ihn wegen einer Erkältung an? Sie hatte kurz vorher einen Kurs gemacht, aber der Ausbilder kannte sie kaum. Sie fuhr fort: »Ich bin mit Ihren Aussagen voll und ganz einverstanden; was Sie gesagt haben, hat mich so sehr beeindruckt, daß ich weiß, daß ich unmöglich krank sein kann. Und trotzdem bin ich heute morgen mit einer Erkältung aufgewacht.« Sie machte eine kurze Pause und fragte dann: »Warum?«

Der Ausbilder fragte zurück: »Hatten Sie in den letzten Tagen einen Streit oder eine Auseinandersetzung mit Ihrem Mann?«

»Ja«, antwortete sie. »Am Donnerstagabend hatten wir Krach, und zwar einen sehr schlimmen. Um die Wahrheit zu sagen, er ging danach weg und kam erst am Freitagnachmittag wieder. Ich war den ganzen Freitag über furchtbar aufgeregt, aber was hat das zu tun mit...« Sie stockte, als ihr das eben Gesagte bewußt wurde. Erst am letzten Sonntag hatte sie gelernt, daß negative Ereignisse körperliche Folgen haben, vor allem wenn man Energie in sie steckt und das geistige Bild davon verstärkt, oder wenn man ständig daran denkt. Das gleiche gilt für positive Ereignisse, aber das ist wieder eine andere Geschichte.

»Natürlich«, sagte sie schließlich. »Das war der Grund.«

Sie dankte dem Ausbilder und fuhr fort: »Ich konnte es einfach nicht glauben, daß ich mir eine Erkältung zugezogen hatte. Ist es nicht seltsam, der Streit war so schlimm, und trotzdem habe ich heute morgen nicht daran gedacht. Ich konnte ihn nicht mit dieser Erkältung in Zusammenhang bringen. Nun, wie dem auch sei, ich werde sie ganz schnell wieder loswerden, weil ich jetzt ja weiß, woher sie kommt.«

Sie hängte ein, und unser Silva-Ausbilder dachte sicher noch eine Zeit darüber nach, welch scheinbar rätselhafte Folgen ein solches mit Streß verbundenes Ereignis haben kann.

Streß verursacht aber nicht nur körperliche Probleme, sondern wirkt sich auch in verschiedener Hinsicht nachteilig auf den Geist aus. Wenn der Körper geschwächt und die Gehirntätigkeit sehr intensiv ist, verändert sich die Beziehung zu den äußeren Einflüssen. Diese Verwirrung führt zu Unsicherheit und einer geistigen Verfassung, für die Gedanken wie ›mir ist alles egal‹ und ›warum gerade ich?‹ charakteristisch sind. Gefühle wie Ausgeliefertsein und Selbstmitleid stellen sich ein. Der unter Streß stehende Mensch fühlt sich matt und es fällt ihm immer schwerer, auch nur das geringste Risiko einzugehen; so schiebt er vieles immer wieder hinaus. Sich auf etwas Neues einzulassen, erscheint viel zu bedrohlich, und die Verwirrung wird durch Zukunftsangst noch gesteigert; es erscheint sinnvoller, alles beim alten zu lassen. Dadurch verfestigt sich der Status quo — so unbefriedigend er auch sein mag —, und der Betreffende steht ständig unter einem gewissen Maß an Streß.

Solcher Streß äußerst sich auf tausenderlei Art. Wenn Sie sich ohne Grund erschöpft fühlen, wenn Sie sich nicht nur aufs Wochenende freuen, sondern Ihnen bei dem Gedanken an Montag schon graut, dann ist es sehr gut möglich, daß Sie bei der Arbeit unter Streß leiden.

Auch wenn Sie zuviel rauchen (ein weit verbreitetes, obgleich fragwürdiges Mittel, um Streß besser zu ertragen) und nicht damit aufhören können, kann Streß dahinterstehen. Streß kann auch die Wurzel des Problems sein, wenn Sie zuviel essen, ständig Tagträumen nachhängen, Medikamenten- oder Drogenmißbrauch treiben, zuviel trinken oder laufend Einkäufe machen, die Ihre finanziellen Möglichkeiten übersteigen. Sie tun diese Dinge möglicherweise, um den Streß etwas erträglicher zu machen.

Wenn Sie in etwas verwickelt sind, obwohl Sie es gar nicht wollen; wenn Sie etwas haben, was Sie nicht haben wollen oder etwas haben möchten, was Sie nicht haben können; wenn Sie darauf warten, daß sich etwas Negatives ereignet, dann liegt der Streß sozusagen auf der Lauer, um Sie zu überfallen.

Wenn Sie etwas nicht wollen und es trotzdem weder umgehen noch verändern können, dann legen Sie sehr wahrscheinlich den Grundstein für ständigen Streß.

Sehr häufig äußert sich Streß so, daß man überhaupt nichts mehr tun möchte — ein Zustand, der sich in den zwischenmenschlichen Beziehungen, im Familienleben und am Arbeitsplatz verheerend auswirkt.

Wie kann man nun am besten mit Streß umgehen? Wir wollen Ihnen hier einige Anregungen dazu geben. Die erste Möglichkeit, Streß zu verhindern oder abzubauen, ist, loszulassen. Um einen bestimmten Gedanken loszulassen, denken Sie an etwas anderes. Am besten gehen Sie dazu auf Alpha-Niveau, weil Sie dann ganz bei sich sind. Konzentrieren Sie Ihre Aufmerksamkeit auf neue Gedanken, vergessen Sie den, von dem Sie sich befreien wollen. Wenn man sehr unter Streß steht und losläßt, dann hat man wesentlich bessere Chancen, den körperlichen Auswirkungen in Form einer Erkrankung zu entgehen. Wie bei allen anderen Dingen gibt es auch beim ›Loslassen‹ unterschiedliche Abstufungen. Hier ein Beispiel:

Es waren einmal zwei heilige Männer, die in einem Wald außerhalb von Neapel einen Pfad entlanggingen. Sie schritten mit gesenktem Kopf dahin und murmelten dabei leise ihre Gebete. Da sie die Kapuzen ihrer Mönchskutten tief in die Stirn gezogen hatten, nahmen sie von dem, was um sie herum vorging, nicht viel wahr. Da kamen sie zu einem kleinen Bächlein und hielten inne. Am Bach stand ein junges Mädchen, das neue Schuhe und ein langes bäuerliches Gewand anhatte. Sie schien sich nicht dazu entschließen zu können, den Bach zu durchwaten aus Furcht, ihr Kleid schmutzig zu machen. Einer der beiden Mönche nahm das Mädchen, ohne auch nur einen Moment zu zögern, auf die Arme und trug sie auf die andere Seite. Dort stellte er sie behutsam wieder auf die Füße. Sie lächelte ihn dankbar an, und der Mönch antwortete mit einem Nicken. Die beiden Männer gingen schweigend weiter. Nach einiger Zeit unterbrach der andere Mönch, der offensichtlich sehr erregt war, das Schweigen. »Wie konntest du das tun?« fragte er, und die Mißbilligung stand ihm ins Gesicht geschrieben.

Der erste Mönch, tief in Gedanken, blickte seinen Begleiter erstaunt an. »Was tun?« fragte er.

»Wie konntest du diese Frau berühren? Du hast sie hochgehoben, angefaßt, und du — du hast sie berührt.« Der heilige Mann preßte die Lippen zusammen, so daß sein Mund ganz schmal wurde.

»Ach, du trägst das junge Mädchen wohl immer noch über den Bach?« antwortete der erste Mönch mit einem Augenzwinkern. »Ich habe sie schon vor einer Stunde auf der anderen Seite abgesetzt.«

Wenn etwas passiert, was für Sie mit Streß verbunden ist, und Sie weiter daran denken und es mit sich herumschleppen, dann stecken Sie Energie in die Sache. Je mehr Sie darüber nachdenken, um so größer ist der Energieverlust, bis es schließlich zu einem Trauma kommt. Es ist äußerst wichtig, die betreffende Sache — wie bei unserer Geschichte — loszulassen.

Eine zweite und tiefer gehende Methode der Streßbewältigung ist es, sich klarzumachen, daß die eigentliche Ursache von Streß nicht die Menschen, Frustrationen, Enttäuschung, Angst, unerfüllte Wünsche oder negative Erwartungen sind. Die Ursache von Streß liegt schlicht und einfach in Ihrer eigenen Einstellung zu diesen Dingen.

Noch einmal: Streß wird nicht durch Probleme verursacht. Es ist Ihre Einstellung dem Problem gegenüber, die zu Streß führt. Da wir jetzt wissen, was die Ursache von Streß ist, können wir auch besser damit umgehen und uns eine Frage stellen, die weiterhilft. Die Frage ist nicht, wie kann ich Streß loswerden, sondern wie kann ich meine Einstellung der Arbeit, den Ereignissen, Enttäuschungen, Ängsten und anderen Menschen gegenüber verändern?

Diese Frage wird im 2. Kapitel ›Liebe verändert alles‹ beantwortet, wo es insbesondere um die eigene Einstellung geht und wie man sie verändert, sowie im 3. Kapitel ›Fünf Regeln zum Glücklichsein‹.

Man kann eine Streßsituation wesentlich besser bewältigen und die Wirkung auch sofort spüren, wenn man nicht nur seine Einstellung, sondern auch die Hirnwellenfrequenz verändert. Sie ist bei Streß höher als im Entspannungszustand. Wenn man sich entspannt, sinkt die Hirnwellenfrequenz. Und darin liegt des Rätsels Lösung.

Vielleicht stecken auch Sie manchmal in einer derart streßbeladenen Situation, daß Sie überhaupt keine Möglichkeit sehen, sich zu entspannen, vor allem tagsüber. Oder Sie stehen unter großem Streß, ohne die Ursache zu kennen. Die Lösung ist in beiden Fällen die gleiche. Die Dunkelheit in einem Raum kann nur verschwinden, wenn man Licht hereinläßt. Und so kann auch Streß nur verschwinden, wenn man Entspannung in sich hineinläßt. Niemand kann gleichzeitig entspannt und gestreßt sein. Wenn man sich jeden Tag eine Zeitlang entspannt, wird der Streß gemildert. Indem man ihn mildert, verringert man auch seine negativen Auswirkungen.

Forschungen, Tests und das Feedback von Millionen Menschen haben bestätigt, daß die Silva-Methode, auf Alpha-Niveau zu gehen, die wirksamste Form der Entspannung ist. Durch die im 1. Kapitel erläuterte erste Meditationsstufe wird die Hirnwellenfrequenz verlangsamt und Streß verringert.

Zur Vertiefung der Meditation empfehlen wir eine zweite Stufe — wir haben ihr den Namen ›Lilienteich‹ gegeben —, die speziell zur tiefen, heilsamen Entspannung entwickelt wurde. Wenn Sie die Lilienteich-Meditation jeden Tag machen, nimmt nicht nur der Streß ab, sondern Sie bekommen auch eine andere Einstellung zu den Problemen. Tägliche Übung senkt die Hirnwellenfrequenz, so daß Sie bald schnell und leicht auf das Alpha-Niveau von zehn Hertz kommen. Schließlich verändert sich Ihre geistige Verfassung, und der Streß verschwindet.

Bei der Lilienteich-Meditation werden Dinge aus dem Reich der Phantasie visualisiert. Sie sollten, bevor Sie die Übung machen, die nachfolgende Beschreibung ein- oder zweimal lesen. Sie können sie auch nur einmal lesen und sie sich dann ein zweites Mal von jemand anderem vorlesen lassen, während Sie selbst mit geschlossenen Augen zuhören. Denken Sie daran, daß Sie Ihrer Phantasie keine Grenzen zu setzen brauchen und jedes Bild so verändern können, daß es ihren Vorstellungen von Schönheit und heiterer Ruhe entspricht.

Sorgen Sie dafür, daß Sie nicht gestört werden, und setzen Sie sich in bequemer Haltung auf einen Stuhl oder Sessel. Entspannen Sie sich, schließen Sie die Augen, und gehen Sie nach der im 1. Kapitel beschriebenen Zählmethode vor, um auf Alpha-Niveau zu kommen. Wenn Sie dann völlig entspannt sind...

Stellen Sie sich vor, daß Sie in einer kleinen Halle stehen und auf eine große, reich verzierte, wunderschön geschnitzte Eichentür blicken. Sie gehen im Geiste auf diese Tür zu und öffnen sie langsam. Hinter der Tür befindet sich der Lilienteich.

Konzentrieren Sie sich ganz auf das Öffnen der Tür. Sobald sie offen ist, sehen Sie einen wundervollen Teich. Auf dem klaren, blaugrün schimmernden Wasser schwimmen hier und da riesige Lilien. Der Teich ist von üppigem Grün umgeben — Bäume und Blumen, Tausende, unzählige Blumen, gelb und purpurn und grün und rot und violett; alle Farben, die Sie mögen. Sie sehen Tiere friedlich grasen und einen durstigen Löwen, der am Teich Wasser trinkt. Er hebt seinen großen Kopf, sieht Sie einen Moment lang an, dreht sich dann um und verschwindet im Wald. Sie spüren, daß an der einen Seite des Teichs ein Tier auftaucht und Sie beobachtet. Es ist ein Einhorn. Sie blickten es lange an und konzentrieren Ihre Aufmerksamkeit auf das stolze Tier. Das Einhorn schnaubt, schüttelt die Mähne, stellt sich auf die Hinterbeine und bewegt die Vorderhufe in der Luft, als ob es Sie begrüßen wollte.

Die Szene schlägt Sie völlig in Bann. Da sehen Sie in der Mitte des Teichs eine Lilie. Sie ist riesig — so groß, daß Sie bequem darauf liegen können —, und Sie projizieren sich auf die weichen, samtigen Blätter der Pflanze. Sie bleiben eine Weile liegen und atmen den köstlichen Blütenduft ein, der die Luft erfüllt. Über sich sehen Sie einen strahlend blauen Himmel, an dem ein paar weiße Wölkchen langsam vorüberziehen. Sie sind ganz ruhig und zufrieden. Dann setzen Sie sich auf und sehen sich um. Sie fühlen sich wundervoll; es ist, als ob Ihr ganzer Körper lächeln würde. Sie sehen ein Kaninchen, das sich einen Bau gräbt, und ein Reh, das zum Trinken ans Wasser kommt; es hat weiche, große schwarze Augen. Ein Bär kommt herangetrottet, läßt sich am Rand des Teichs nieder und bespritzt sich mit Wasser. Auch einige Elefanten bespritzen sich spielerisch mit Wasser, während ein Elefantenbaby um sie herumtapst und mit hoch erhobenem Rüssel freudig trompetet. Nach einer Weile lassen Sie sich ins Wasser gleiten. Es hat genau die richtige Temperatur. Sie lassen sich eine Weile vom Wasser tragen und schwimmen dann ein bißchen.

Dieser Teich ist die wahre Wunderquelle für Jugend und Gesundheit. Sie trinken einen großen Schluck Wasser und beginnen sich immer besser zu fühlen, gesund und stark. Dann tauchen Sie und schwimmen unter Wasser. Sie sehen viele schöne Fische, die friedlich herumschwimmen; spielen Sie mit einigen von ihnen. Ein Delphin taucht auf, begrüßt Sie wie einen alten Freund und schwimmt verspielt neben Ihnen her. Das Wasser des Lilienteichs ist wie Luft — Sie können es einatmen. Sie spüren, wie das Wasser durch Ihre Blutgefäße strömt und dabei das Blut reinigt. Der Stengel der Lilie sieht unter Wasser anders aus, fast wie die Wurzeln eines großen Redwood-Baumes. Sie schwimmen um sie herum, und der Delphin begleitet Sie.

Nachdem Sie die Unterwasserwelt erforscht und in allen Zügen genossen haben, schwimmen Sie an die Oberfläche und projizieren sich wieder auf das Lilienblatt. In einiger Entfernung sehen Sie drei Berggipfel; einer von ihnen ist mit blendend weißem Schnee bedeckt. Hier im Land des Lilienteiches kann der Geist wunderbare Dinge vollbringen, und so beginnen Sie auf einmal zu schweben, immer höher wie Peter Pan. Sie schweben über dem Teich, umkreisen ihn und lächeln all den Tieren zu, die dort unten trinken, fressen oder einfach miteinander spielen. Die Pflanzen und Bäume sehen aus dieser Perspektive ganz anders aus, ebenso der Teich und die Lilie. Nun schweben Sie auf die Berge zu und werfen ab und zu einen Blick auf das flache Land unter Ihnen. Eine große Büffelherde taucht auf, und dann fliegt für kurze Zeit ein Adler neben Ihnen her.

Als Sie den schneebedeckten Berggipfel erreichen, lassen Sie sich mit den Füßen voranfallen, spielen eine Weile mit dem Schnee und atmen die frische, klare Luft ein. Sie gleiten einen Abhang hinunter und wenn Sie unten angekommen sind, erheben Sie sich wieder in die Luft und umkreisen den Berggipfel noch einmal. Dann fliegen Sie zur Lilie zurück, setzen sich wieder darauf und atmen die laue, warme Luft ein. Sie sind heiter und gelassen.

Nun versetzen Sie sich in die Eingangshalle zurück. Stellen Sie sich vor, wie sich die große Eichentür wieder schließt, und wenden Sie erneut die Zählmethode an, um das Alpha-Niveau zu verlassen.

Wir haben festgestellt, daß diese Meditationsübung eine der wirkungsvollsten ist, die je entwickelt wurden, um den negativen Auswirkungen von Streß beizukommen. Sie können alle möglichen Veränderungen vornehmen, solange die Grundvoraussetzung gegeben ist, nämlich daß Sie Ihre Aufmerksamkeit auf ein kontrolliertes, streßfreies, entspanntes Phantasiebild konzentrieren, das Sie selbst gestalten.

Aber das Ganze ist doch nur eine Phantasie, werden manche sagen. Sicher, aber denken Sie daran, daß auch Angst, Ressentiments und Streß nur in der Vorstellung existieren; alle Emotionen, positive wie negative, existieren nur in der Vorstellung. Ihr Geist erzeugt sie aufgrund seiner Fähigkeit, Bilder hervorzubringen. Man könnte sogar sagen, daß Ihre Realität, Ihre Welt nur in Ihrer Vorstellung existiert, denn Ihre Realität ist das Produkt Ihrer Einstellungen, Ihrer Standpunkte. Der Zweck der Lilienteich-Meditation ist, daß Sie Ihre Vorstellungskraft für sich arbeiten lassen statt gegen sich. Schließlich sind Sie und Ihr Geist ein Team, das zusammenarbeiten sollte.

7

Angst, Mut und Zuversicht

Um zu verstehen, was Mut ist, muß man sich erst einmal über die Emotion klarwerden, die man Angst nennt. Dabei sind grundsätzlich zwei Arten von Angst zu unterscheiden. Die eine ist die echte Angst, genauer gesagt Furcht, die man angesichts einer tatsächlichen Bedrohung empfindet. Die Furcht ist ein für alle Tiere notwendiges Instrument, um zu überleben. Sie sorgt im Falle einer Gefahr für einen Adrenalinschub, damit der Körper sofort reagieren kann. Wer spät nachts eine schlecht beleuchtete Straße entlanggeht, empfindet Furcht vor einem tätlichen Angriff. Das veranlaßt ihn dazu, schneller, zielgerichteter und kräftiger auszuschreiten. Die Furcht bewirkt, daß man den Gefahrenbereich möglichst schnell verläßt.

Diese Furcht, die vor langer Zeit die Funktion hatte, die Menschen in den Wäldern auf einen körperlichen Einsatz vorzubereiten, ist jedoch an einem Arbeitsplatz in der heutigen Zeit nicht unbedingt zweckmäßig. Nehmen wir das Beispiel eines leitenden Angestellten, der bei einer Konferenz erfährt, daß er bald entlassen wird. Der Gedanke, seine Arbeit zu verlieren, wird in den meisten von uns Angst auslösen. Welche körperliche Reaktion wäre hier angemessen? Was wäre gegen die Sorgen zu tun, die wochenlang an einem nagen können, bevor sich eine Lösung abzeichnet?

Es liegt auf der Hand, daß in diesem Fall vom Körper her nichts getan werden kann. Dennoch tragen wir die körperliche Komponente der Angst, ein Überbleibsel aus prähistorischer Zeit, immer noch in uns: Adrenalin wird ausgeschüttet, die Blutzirkulation wird umgelenkt, usw. Länger anhaltende Angst (man bezeichnet sie auch als ständigen Streß) kann also körperliche Schäden zur Folge haben.

Die Angst selbst mag zwar begründet sein, die von ihr ausgelöste instinktive Reaktion steht aber oft in keinem Verhältnis zur tatsächlichen Bedrohung. Diese Reaktion auszuschalten ist unmöglich, denn sie ist einer unserer stärksten Instinkte. Wir können also nur etwas tun, um die längerfristigen Auswirkungen auf praktischer Ebene in den Griff zu bekommen.

Bevor wir uns damit beschäftigen, wollen wir aber auf die zweite Art von Angst eingehen: die illusionäre Angst.

Illusionäre Ängste werden zwar als genauso echt empfunden, basieren aber auf falschen Wahrnehmungen, auf falschen Befehlen, die von den inneren Aufzeichnungsbändern eines Menschen ausgegeben werden.

Viele Menschen leiden ihr ganzes Leben lang ständig unter Angst und haben nicht die geringste Idee, woher sie kommt. Manche leiden unter Phobien, unter stark überhöhten, verzerrten Reaktionen auf etwas, was als gefährlich wahrgenommen wird. Diese illusionären Ängste sind der Fluch ihres Lebens.

Illusionäre Ängste resultieren oft direkt (und gelegentlich indirekt) aus einem falschen Selbstbild. Das Ego oder Selbstwertgefühl ist nicht in der Lage, die komplexen Probleme des modernen Lebens zu bewältigen, und die natürliche Reaktion darauf ist durch Angst ausgelöster Streß. Wenn das Selbst sich als unfähig wahrnimmt, die Lage zu meistern, dann steht die Angst schon bereit, zuzuschlagen und sozusagen das Kommando zu übernehmen. Ein unzureichendes Selbstwertgefühl beruht im allgemeinen, wenn nicht sogar immer, auf Prägungen, die in der Kindheit durch eine Autoritätsperson entstanden sind.

Illusionäre Ängste basieren oft auf falschen Wahrnehmungen. Nehmen wir an, Sie öffnen eines Tages die Haustür und sehen vor sich einen Hund, der die Zähne fletscht und schon zum Sprung ansetzt, um Sie zu beißen. Sie schrecken zurück, stolpern dabei vor lauter Panik und fallen hin. Sie schauen noch einmal hin und sehen jetzt, daß der Hund der Besen ist, den Sie vor der Tür vergessen hatten. Weil Sie nicht das sahen, was Sie erwartet hatten (daß nichts vor der Haustür ist), hat Ihr Geist den Besen nicht als solchen wahrgenommen, sondern Ihnen zum Selbstschutz einen gehörigen Schrecken eingejagt. Natürlich geht von einem Besen keine Gefahr aus, er beißt ja nicht, ein Hund aber sehr wohl. Also sehen wir für alle Fälle lieber einen Hund, damit die Schutzreaktionen ausgelöst werden, die den Körper sofort mobilisieren.

Diese falsche Wahrnehmung hat sich schnell aufgeklärt, was hier auch nicht weiter schwierig war. Viele falsche Wahrnehmungen liegen jedoch tief im Unbewußten vergraben, und in den meisten Fällen wurden sie von wohlmeinenden Eltern oder anderen Autoritätspersonen programmiert. Unsere Wahrnehmung beruht auf Überzeugungen, Verhaltensweisen und unserer Art, die Dinge zu sehen; manches davon wirkt sich zu unserem Vorteil aus, anderes dagegen nicht.

Was wir als Individuen als wahr ansehen, unsere Wahrnehmung der Dinge, ist Teil unseres alles umfassenden Gefüges von Überzeugungen. Manches davon kann man sich nur schwer ins Bewußtsein rufen. Niemand erinnert sich jemals an etwas so, wie es tatsächlich geschehen ist, sondern nur daran, wie er dieses Ereignis selbst wahrgenommen hat. Diese Wahrnehmung wird von der Stimmung, Emotionen, dem Alter, den anwesenden Menschen, der Umgebung und sogar vom Wetter beeinflußt. Wenn zwei Menschen das gleiche erleben, dann wirkt sich dieses Erlebnis bei jedem völlig anders aus.

Werden illusionäre Ängste durch eine Neuprogrammierung in positive Erwartungen umgewandelt, dann nehmen Bewußtsein und Selbstwertgefühl zu. Und wenn das Selbstwertgefühl stärker wird, ist man weniger anfällig für illusionäre Ängste.

Wie könnten Sie illusionäre Ängste besser loswerden, als durch die Stärkung Ihres Selbstwertgefühls? Wir wollen zuerst versuchen, uns das Ganze bewußter zu machen, indem wir das Wort Angst mit Hilfe des Grundsatzes der Polarität definieren. Wenn man sich mit dem Gegenteil eines Begriffes näher beschäftigt, wird auch der Begriff selbst klarer. Um das Wort *Angst* zu definieren, nehmen wir wieder unseren Meterstab mit dem negativen Pol auf der linken Seite und dem positiven auf der rechten. Wir stufen die Angst negativ ein und setzen unter das Wort *negativ* noch *Erwartung*. Auf der rechten Seite steht dann *positive Erwartung* oder *Zuversicht*. Also sind Angst und Zuversicht dasselbe und unterscheiden sich nur durch ihr Ausmaß.

Angst ist eine negative Erwartung. Wenn man Angst hat, erwartet man, daß etwas Schlimmes passieren wird. Wenn Sie sich das einmal klar gemacht haben, können Sie mit der Angst besser umgehen. Sie verwandeln die negative Erwartung einfach in eine positive. Das ist nicht schwer, erfordert aber etwas Übung.

Machen Sie sich den Grundsatz der Polarität zunutze, um eine Angst loszuwerden. Stellen Sie sich auf einen positiven Ausgang der Sache ein, vor der Sie Angst haben. Gehen wir noch einmal zu dem leitenden Angestellten, der entlassen werden soll. Seine erste Reaktion darauf wäre wahrscheinlich, sich die Schwierigkeiten vorzustellen, die mit einem niedrigeren Einkommen und einem geringeren Prestige verbunden sind; diese Auswirkungen sind ja sehr wahrscheinlich. Was aber sind die positiven Aspekte davon, entlassen zu werden? Unser Angestellter könnte etwas weiter in die Zukunft blicken und die Chance sehen, das zu tun, was er eigentlich tun möchte — vielleicht in eine andere Stadt ziehen, sich einem anderen Arbeitsbereich zuwenden oder eine Reihe anderer Möglichkeiten sondieren, die vorher nicht in Frage gekommen wären.

Eine Änderung des Standpunkts hat auch noch den Vorteil, daß man dadurch seine Wünsche besser erkennen und sich entwickeln lassen kann. Ein positiver Wunsch mündet normalerweise in eine positive Erwartung. Und mit einer positiven Erwartung — Zuversicht — kann man, wie wir eben gesehen haben, Ängste abbauen.

Vielleicht haben Sie zu Anfang gedacht, daß Mut — und nicht Zuversicht — das Gegenteil von Angst ist. Bedenken Sie aber, daß es Mut nur dann geben kann, wenn eine reale Angst zu bewältigen ist. Ohne eine solche Angst gibt es keinen Mut; man reagiert einfach. Sich zu fragen, warum man Angst hat, führt zu nichts, weil Angst ein abstrakter Begriff ist. Sie sollten sich vielmehr fragen, was Sie Negatives erwarten; dann kommen Sie der Antwort schon ein Stück näher.

Noch sinnvoller wäre es, sich zu fragen: »Was würde ich tun, wenn ich nicht davon ausgehen würde, daß eben diese negative Sache passiert?« Plötzlich tauchen alle möglichen positiven Antworten auf. Angst existiert nur in der Vorstellung, ebenso wie Zuversicht, und deshalb hat der menschliche Geist Macht über sie. Man bekommt Ängste in den Griff, indem man sich eine Haltung der Zuversicht aneignet. Und genau diese Methode wenden wir an, um Ängste auszuschalten — wir verwandeln, wir verändern die Angst.

Wenn Ihnen Ängste die Kraft rauben, stellen Sie sich die Frage: »Was würde ich tun, und wie würde mein Leben aussehen, wenn ich nicht erwarten würde, daß diese negative Sache eintritt?« Dann findet eine Verwandlung statt, denn Ihre Vorstellungskraft bringt viele verschiedene positive Möglichkeiten ins Spiel, und Sie haben damit etwas in der Hand, um gegen die Angst anzugehen.

Die Angst ist ein Teil dessen, was uns die Natur mitgegeben hat. Es wäre nicht gut, Ängste völlig auszuschalten, denn die Angstauslöser sind oft wichtig, um Schaden abzuwenden, wenn Gefahr droht. Illusionäre, unbegründete Ängste aber, bei denen die Kampf-oder-Flucht-Reaktion nicht angezeigt ist, können das persönliche Wachstum nur hemmen. Versuchen Sie also, Ihre Angst näher zu bestimmen. Ist sie notwendig? Muß ich fliehen? Muß ich weglaufen? Wenn das nicht der Fall ist, dann brauchen Sie diese Angst aller Wahrscheinlichkeit nicht zu haben.

Um damit umgehen zu können, sollten Sie auf Alpha-Niveau gehen. Polarisieren Sie die Angst, und stellen Sie sich die positiven Erwartungen bildhaft vor. Was würden Sie tun, wenn Sie diese Angst nicht hätten? Bearbeiten Sie dieses Thema immer wieder, und wenden Sie die im 5. Kapitel beschriebene Technik der Erfolgsbilder an, um das positive Bild zu verstärken und das negative abzuschwächen. Zerschlagen Sie dieses negative Bild symbolisch, oder streichen Sie es durch, und machen Sie sich keine Sorgen mehr darüber. Visualisieren Sie nur das positive, für Sie vorteilhafte Ergebnis der Sache, wenn Sie darüber nachdenken.

Wenn Sie Angst vor dem Fliegen haben, sollten Sie die positiven Aspekte der Reise visualisieren. Stellen Sie sich vor, wie Sie bequem im Flugzeug sitzen. Stellen Sie sich auch die sichere Landung vor. Stellen Sie sich vor, was Sie alles tun würden, wenn Sie diese Angst nicht hätten.

Um die Angst in den Griff zu bekommen, machen Sie aus der negativen Erwartung eine positive. Dazu ändern Sie mit Hilfe von Meditation im Alpha-Zustand Ihren Standpunkt. Und das alles geschieht mit einem Teil Ihres Geistes, der Herr über die Welt Ihrer Vorstellungskraft ist.

Angst existiert nur in der Vorstellung, und Mut existiert nur in der Vorstellung. Mut entsteht aus der Vorstellung, aus Ihrer kreativen Fähigkeit, Bilder zu schaffen. Das ist die eigentliche Quelle von Mut.

8

Schuldgefühle,
und wie man sich selbst verzeiht

Im 3. Kapitel ›Fünf Regeln zum Glücklichsein‹ haben Sie erfahren, daß die erste Regel lautet: »Wenn dir etwas gefällt, genieße es«, und daß es nur zwei Ursachen gibt, etwas nicht zu genießen, was Sie mögen: Angst und Schuldgefühle. Da wir Ängste bereits im letzten Kapitel behandelt haben, wollen wir uns jetzt mit den Schuldgefühlen beschäftigen.

Schuldgefühle sind mehr als jede andere Emotion eine schwere Belastung für den Menschen, sowohl in spiritueller als auch in geistiger Hinsicht. Schuldgefühle werden uns von vielen Autoritätspersonen auferlegt: von den Eltern, Lehrern und Freunden, von den Medien, von der Regierung, vom Schulsystem und von den Kirchen. Daß man uns Schuldgefühle einflößt, hat zwei Gründe: um uns zu beherrschen und zu bestrafen.

Um den Begriff Schuldgefühle besser zu verstehen, müssen wir uns erst darüber klarwerden, was vorher und was nachher kommt. Schuldgefühle sind Teil des Trios; die beiden anderen sind Sünde und Strafe. Diese drei Wörter wollen wir nun definieren.

Sünde ist es, sich nicht an eine Norm zu halten. Schuldgefühle sind ein Zwang, das Getane noch einmal auf untadelige Weise zu wiederholen. Strafe ist eine Mahnung, die erfolgt, wenn man es nicht tut.

Wir wollen das Zusammenspiel dieses Trios wieder mit einer kleinen Geschichte verdeutlichen. Helen M. wurde von ihrer Mutter mit der Einstellung erzogen, daß es unrecht ist, einen Jungen zu küssen, wenn man das erste Mal mit ihm ausgeht. Helen ist jetzt 22 und hat inzwischen vergessen, daß diese Überzeugung ursprünglich von ihrer Mutter programmiert worden war, als sie mit elf Jahren zur Geburtstagsparty einer Freundin ging. Sie ist bei jeder Verabredung streng darauf bedacht, sich an ihre ›Prinzipien‹ zu halten und wehrt auch jedes noch so unschuldige Küßchen ab.

Wenn sie sich die Ereignisse dieses Tages wieder ins Gedächtnis rufen müßte, dann würde ihr wieder einfallen, daß sie damals aufgeregt und auch ein bißchen ängstlich gewesen war. Ihre Mutter sollte sie zu ihrer Freundin Arlene fahren und nach der Party wieder abholen. Es sollten auch viele Jungen kommen, die sie nicht kannte, und außerdem war es die erste Party, auf der nicht nur Mädchen waren. Da die Mutter zum Schutz ihres kleinen Mädchens darüber bestimmte, was Helen tun durfte und was nicht, fühlte sich Helen durch die ganze Sache etwas verwirrt. (Ängstlichkeit und Verwirrung sind der ideale Nährboden für diese Art von Programmierung.)

»Also, Helen, mein Liebes«, fing ihre Mutter an, »denk daran, daß du ein hübsches kleines Mädchen bist und dich vielleicht der eine oder andere von den Jungen küssen möchte.«

Helen hörte sehr aufmerksam zu und nahm jedes einzelne Wort dieser großen Autoritätsperson in sich auf, die die Quelle aller guten Dinge in ihrem Leben war. Alles, was ihre Mutter sagte, war für sie ein Evangelium.

»Wenn ein Junge versucht, dich zu küssen, gehst du einfach weg. Hast du mich verstanden?«

Helen nickte ernst, und ihre Mutter fragte: »Nun, Liebling, was machst du, wenn ein Junge versucht, dich zu küssen?«

»Ich gehe einfach weg«, antwortete Helen und nickte bei jedem Wort nachdrücklich mit dem Kopf.

Die Mutter lächelte und tätschelte ihrem kleinen Mädchen die Wange. »Das ist brav, meine Kleine, geh jetzt hinein. Laß es dir gesagt sein, Helen. Laß dich nie, niemals von einem Jungen küssen, wenn du ihn das erste Mal siehst oder zum ersten Mal mit ihm verabredet bist. Wenn du dich daran hältst, wird dir nichts passieren.«

Damit war der Grundstein für diese Norm gelegt. Es war eine Sünde, sich beim ersten Mal küssen zu lassen.

Eines Tages, viele Jahre später, begegnet Helen dem Mann ihrer Träume, und ihre Prinzipien sind auf einmal vergessen. Sie küßten sich nicht nur, sondern knutschten auch sehr intensiv. Sie hielt sich nicht an die Norm. Sie überging das Gebot der großen Autoritätsfigur in ihrem Leben, ihrer Mutter.

Soweit zur Sünde (was Helen betrifft); aber wie ist es nun mit den Schuldgefühlen?

Als Helen am nächsten Morgen aufwacht, liegt ein Lächeln auf ihrem Gesicht. Aber dann stellt sich das quälende Gefühl ein, etwas Unrechtes getan zu haben. Sie fühlt sich unwohl und irgendwie gespalten. Einerseits fühlt sie sich wunderbar, andererseits schrecklich. Ihr kommen Gedanken in den Kopf wie ›keine Achtung mehr vor mir‹, und ›Wie konnte ich das nur tun?‹. Sie wälzt sich unruhig im Bett hin und her und denkt über den Abend nach.

Die Zeit vergeht, und der Bursche ruft nicht an. Helen war ganz in Ordnung, aber er hat viele andere Freundinnen, und Helen war für ihn nur ein kleines Abenteuer, das er schon vergessen hat.

Aber Helen vergißt die Sache nicht. Sie ist jetzt davon überzeugt, daß er sich nicht mehr gemeldet hat, weil sie diese furchtbare Sünde begangen hat, sich beim ersten Mal gleich küssen zu lassen. (So wurde sie programmiert, wie Sie sich erinnern werden.) Und jetzt kommen die Schuldgefühle ins Spiel. »Warum habe ich das getan?« denkt sie. »Wenn ich es nur ungeschehen machen könnte.« Aber wie? Je mehr sie über die Sache nachdenkt, um so mehr Energie steckt sie hinein und verstärkt so ihre Schuldgefühle.

Nun bieten sich Helen viele verschiedene Möglichkeiten, sich dafür zu bestrafen, daß sie nicht brav gewesen ist. Helen entscheidet sich für Essen. (Man beachte: Welche Form der Bestrafung man auch wählt, sie ist dem Bewußtsein nicht zugänglich.) Sie beschließt unbewußt, so viel zu essen, daß sie dick wird und auf Männer nicht mehr anziehend wirkt. Wenn sie sich unattraktiv genug macht, wird sie auch nicht mehr viele Verabredungen mit gutaussehenden Männern haben, und das macht das Ganze leichter für sie. Sie fängt an, sehr viel kalorienreiche Dinge zu essen und wird immer dicker. Gleichzeitig denkt sie auf der bewußten Ebene: »Ich muß eine Diät machen. Ich sehe unmöglich aus.«

Sie versucht es mit einem Dutzend Diäten, aber mit keiner klappt es. Schließlich rationalisiert sie ihr neues Aussehen und sagt sich: »Nun ja, manche Menschen kommen eben schon übergewichtig auf die Welt.« Sie sieht nicht, daß sie in einem Teufelskreis aus Sünde, Schuldgefühlen und Strafe steckt.

Diese Geschichte ist natürlich etwas vereinfacht dargestellt; sie soll ja auch nur als Beispiel dienen. Wir dürfen nicht vergessen, daß in unserer heutigen Gesellschaft die abgemagerten Fotomodelltypen als schön gelten, die auf den Titelblättern der Modezeitschriften zu sehen sind. In anderen Ländern und zu anderen Zeiten hielt man Frauen für begehrenswerter und gesünder, wenn sie ›mehr Fleisch auf den Knochen hatten‹ (man denke nur an Lillian Russell, die 1890 amerikanische Schönheitskönigin war). Wir haben das Thema Gewicht nur deshalb als Beispiel genommen, weil viele Menschen heute sehr figurbewußt sind. Trotzdem — was schön ist, bestimmt der Betrachter.

Dieses Beispiel steht symbolisch für viele andere Situationen, die Schuldgefühle auslösen. Was könnte in Ihrem Leben dem Kuß entsprechen? Und was wäre das Gegenstück zum übermäßigen Essen?

Wir wollen dieses Trio Schuldgefühle, Sünde und Strafe jetzt unter einem anderen Blickwinkel betrachten, und zwar jedes einzeln. Als erstes ist da die Sünde.

Irgend jemand — zum Beispiel die Eltern, eine Institution, Gleichaltrige, die Regierung oder die Medien — stellt eine Norm auf, sagt, daß dies oder jenes so und nicht anders zu sein hat. Befolgt man diese Regeln nicht, dann bedeutet es, daß man etwas Unrechtes tut und dafür bestraft werden wird. Im allgemeinen werden diese Regeln schon in jungen Jahren festgelegt, wenn der Geist noch in der Entwicklung und für alle Informationen sehr empfänglich ist. Für ein allen Eindrücken gegenüber empfängliches Kind sind diese von einer großen Autoritätsperson aufgestellten Regeln unanzweifelbar, und so schlagen die ganzen Ge- und Verbote Wurzeln. Und wenn der junge Mensch dann etwas tut, was diesen Regeln zuwiderläuft, hat er das Gefühl, etwas Unrechtes getan, genaugenommen gesündigt zu haben.

Und dann kommen die Schuldgefühle. Die Natur hat dem Menschen vieles mitgegeben, um Fehler wiedergutzumachen, zum Beispiel die Intelligenz, das Selbstbewußtsein und das Schuldgefühl. Wenn wir das Gefühl haben, eine Norm übergangen zu haben, etwas Unrechtes getan zu haben (gesündigt zu haben), dann kommt etwas zum Tragen, was die Natur uns mitgegeben hat, nämlich der Zwang, das gleiche noch einmal zu tun, aber dieses Mal auf untadelige Weise.

In den meisten Fällen ist es aber nicht möglich, etwas noch einmal auf die rechte Weise zu wiederholen; das gilt für die kleine Sünde, etwas gegessen zu haben, was man nicht essen sollte, oder zu einem Onkel nicht nett gewesen zu sein, den man ohnehin nicht besonders mag, ebenso wie für eine Unmenge von Ge- und Verboten, die andere festgelegt haben. Diese Schuldgefühle oder Zwänge häufen sich an und werden schließlich durch eine Strafe beseitigt. Leider ist die Strafe oft nicht dem ›Verbrechen‹ entsprechend, und die spricht den Betreffenden nicht frei.

Die Strafe ist einfach eine kleine Mahnung der Natur, ihre Art zu sagen: »Hör mal, das hast du aber nicht richtig gemacht.« Wie groß ist die Strafe? Das hängt davon ab, wie sehr der Betreffende die Norm verletzt zu haben meint; das Strafmaß hängt allein vom ›Sünder‹ ab. Wenn wir einmal die körperliche Ebene nehmen (wir beziehen uns damit jetzt nicht auf geistige Sünden und Schuldgefühle), dann kann ein Mensch, der einen Schmetterling tötet, größere Gewissensbisse und stärkere Schuldgefühle haben, als wenn er einen anderen Menschen töten würde. Einen Schmetterling zu töten ist die größere Sünde, wenn der Betreffende der Überzeugung ist, daß es eine größere Sünde ist. Für die meisten Menschen ist wahrscheinlich das Gegenteil zutreffend, aber auf jeden Fall hängt die Strafe davon ab, wie schuldig sich der Betreffende fühlt.

So sicher, wie auf die Nacht der Tag folgt, kommen auch nach der Sünde die Schuldgefühle, und auf sie folgt die Strafe. Ist die Schuld nicht gesühnt worden, dann kommt die Mahnung — die Strafe — normalerweise in Form von Beschränkungen. Wer Schuldgefühle auf Schuldgefühle häuft, schränkt sich im Leben ein. Er denkt: »Es geschieht mir ganz recht, wenn...« Es geschieht mir ganz recht, wenn ich nur so viel Geld verdiene, nicht gesünder bin, keiner schönere Wohnung habe, keine bessere Frau, nicht mehr Freunde, mir keine teureren Kleider leisten kann, usw. All dies sind selbstauferlegte Beschränkungen, derer sich der Betreffende meist nicht bewußt ist und die aus ungelösten Problemen in seinem Leben stammen.

Sünde und Schuldgefühle sind insofern imaginär, als sie nur in der Vorstellung bestehen. Sie sind geistiger Natur, ebenso wie die Strafe. Die Schwierigkeit bei der Strafe ist nur, daß sie sich auf körperlicher Ebene manifestiert und dadurch zu vielen Problemen führen kann.

Wie können Sie nun Schuldgefühle neutralisieren? Dazu wenden Sie den Grundsatz der Polarität an und ändern Ihren Standpunkt. Damit neutralisieren wir die negativen Folgen der Schuldgefühle, die sich darin äußern, daß man sich selbst verurteilt. Das Gegenteil davon ist, sich selbst zu verzeihen. Und damit haben wir den Schlüssel dazu, Schuldgefühle zu überwinden.

Wie einfach.

Wie schwierig.

Man kann leicht sagen ›vergib dir selbst‹, aber vor dem Vergeben steht das Verständnis. Machen Sie sich klar, daß was immer Sie auch irgendwann getan haben, es das Beste war, was Sie *damals* tun konnten. Wir tun immer unser Bestes. Niemand sagt sich, ich mache dies oder jenes so schlecht wie möglich. Auch wenn Sie etwas bewußt schlecht machen wollen, tun Sie immer noch Ihr Bestes, um es schlecht zu machen.

Nehmen wir einmal an, daß jemand, den Sie respektieren, Sie um etwas bittet. Sie sagen zu, tun es aber nicht, und später fühlen Sie sich schuldig. Als Sie es nicht getan haben, hatten Sie Gründe dafür. Sie waren Ihnen unbewußt oder auch bewußt, auf jeden Fall kann man aber mit Sicherheit davon ausgehen, daß Gründe vorlagen. Wenn Sie noch einmal in der gleichen emotionalen Verfassung wären, in der gleichen Stimmung, unter den gleichen Umständen und Gegebenheiten, wenn Sie derselbe wären wie damals, würden Sie genau dasselbe wieder tun (oder nicht tun), was Sie beim ersten Mal getan haben (oder nicht getan haben).

Allein die Tatsache, daß Sie gegenwärtig das Gefühl haben, in der Vergangenheit etwas Unrechtes getan zu haben, ist ein Maßstab für Ihre Reife. Sie sind erwachsener geworden, haben sich entwickelt, sind reifer und bewußter geworden. Natürlich kann dieser neue, reife Mensch, der Sie

jetzt sind, beim Rückblick auf frühere Irrtümer oder Über-
tretungen der Norm sagen: »Das war dumm, warum habe
ich das getan? Heute würde ich das nicht mehr tun.« Natürlich würden Sie es heute nicht mehr tun. Sie sind nicht derselbe Mensch wie damals. Weil Sie jetzt reifer und bewußter
sind, erkennen Sie dieses Verhalten als Fehler, den Sie nicht
noch einmal begehen würden.

Vergessen Sie nicht: Was immer Sie tun, Sie tun Ihr Bestes. Was immer Sie in der Vergangenheit mit den Ihnen zur
Verfügung stehenden Möglichkeiten getan haben, Sie hätten es nicht anders machen können. Es gibt absolut keinen
Grund, Gewissensbisse zu haben. Es gibt keinen Grund,
sich schuldig zu fühlen. Daß Sie sich schuldig fühlen, ist ein
Hinweis darauf, daß Sie zu dem Menschen geworden sind,
der Sie sind. Sie können sich selbst alle vergangenen ›Fehler‹
verzeihen, denn Sie sind heute ein anderer Mensch.

Verzeihen Sie sich, denn Sie hätten nicht anders handeln
können. Verzeihen Sie sich, denn Sie werden dasselbe nicht
noch einmal tun: Sie sind reifer geworden.

Selbst wenn zwanzigtausend Engel mit zwanzigtausend
Bibeln in den Händen Ihr neues Selbst bezeugen und Ihnen
alle Missetaten der Vergangenheit vergeben würden — Sie
würden sich dennoch schuldbeladen fühlen, wenn Sie sich
nicht selbst verzeihen. Andererseits würden Sie sich frei von
Schuld fühlen, wenn Sie sich selbst vergeben, auch wenn
alle anderen Sie verdammen. Der Schlüssel liegt in Ihrer eigenen Vorstellung, denn dort wohnen Schuld, Sünde und
Strafe, in diesem Geist, der die Fähigkeit hat, Bilder zu erzeugen. Stellen Sie sich vor, sich selbst verziehen zu haben,
und es wird Ihnen auch vergeben werden.

Michael G. war ein erfolgreicher Bauunternehmer, bis er
sich eines Tages übernahm und Konkurs anmelden mußte.
Dadurch ergaben sich natürlich viele Probleme; was ihm
aber am meisten zu schaffen machte, waren die Schuldgefühle. Er fühlte sich furchtbar schuldig, weil seine Frau und

die drei Kinder nicht mehr all das haben konnten, was er ihnen versprochen hatte. Er fühlte sich ganz elend, weil sich ihr Leben so sehr verändert hatte. Er verfiel in eine derart starke Depression, daß er meinte, seiner Familie würde es ohne ihn besser gehen, und ernsthaft an Selbstmord dachte.

Wie paßt diese Geschichte zu unseren Definitionen? Michael hatte sich in diesem Fall seine eigenen Ziele gesetzt, aber sein unbedingter Wille, Erfolg zu haben, war schon in der Kindheit festgelegt worden. Seine Eltern hatten ihm schon in der Grundschule eingeschärft, daß das Wichtigste im Leben gute Zensuren waren und er unbedingt der Beste sein mußte, damit sie ihn wirklich liebten. Michael war ein guter Schüler und entwickelte bald das starke Bedürfnis, sehr gut zu sein.

Als es zum Konkurs kam, hatte er ›die Norm verfehlt‹, die scheinbar er selbst, tatsächlich aber seine Eltern viele Jahre zuvor aufgestellt hatten.

Weil die Lebensführung seiner Familie beeinträchtigt war, verspürte er ein starkes Bedürfnis, das Ganze noch einmal zu wiederholen, und zwar richtig. Das Bedürfnis, das Ganze noch einmal — und diesmal richtig — zu machen, beruht natürlich auf Schuldgefühlen. Aber leider ging es in diesem Fall nicht; seine Firma gab es nicht mehr. Und weil er das Ganze nicht noch einmal richtig machen konnte, trat das letzte Mitglied des Trios auf den Plan. Die Strafe erinnerte Michael daran, daß er sein Tun nicht wiedergutmachen konnte. Michael fühlte sich ausgeliefert und wußte sich nicht zu helfen. Da er das Gefühl hatte, in dieser Sache nichts tun zu können, dachte er über die letztmögliche Strafe nach, nämlich sich das Leben zu nehmen.

Dazu kam noch der Streß, und Michael fühlte sich schlapp und leer. Er schob alles immer wieder auf und wurde für seine Familie eine echte Belastung. Er wurde immer streitlustiger und mürrischer und zog sich immer mehr in sich zurück.

So war der Zustand von Michael, als ihn seine Frau Marcia eines Tages in ein Silva-Seminar zur mentalen Dynamik schleppte. Marcia erzählte die ganze Geschichte drei Monate später. Michael fand sofort an dem meditativen Teil des Kurses Gefallen und begann, dreimal täglich auf Alpha-Niveau zu gehen. Er analysierte sein Problem und stellte fest, daß er sich unmöglich zu erreichende Ziele gesteckt hatte. Er kam zu dem Schluß, daß er immer versucht hatte, der Vorstellung von Erfolg gerecht zu werden, die seine Eltern hatten, nicht seiner eigenen. Er konkurrierte mit der falschen Person. Weil er von seinen Eltern stark leistungsorientiert erzogen worden war, hatte er immer auf andere Unternehmer gesehen und verglichen, wie gut er ihnen gegenüber abschnitt. Wenn irgendein anderer mehr leistete, war er mit seiner eigenen Arbeit unzufrieden; es konnte ihm nie gut genug sein, er wollte immer mehr. Er wollte der größte und erfolgreichste Bauunternehmer der Welt sein.

Plötzlich wurde ihm klar, daß seine Zielsetzung falsch war. Er hätte sich an dem einzigen Menschen messen sollen, mit dem es Sinn hat zu konkurrieren — mit sich selbst. Er beschloß, von jetzt an der beste Michael G. zu sein, der er sein konnte, und das war ja immer noch möglich. Es war wirklich nicht wichtig, ob er ein großer und erfolgreicher Bauunternehmer war. Wenn ja, dann wäre das in Ordnung; wenn nicht, war es genauso gut. »Um die Wahrheit zu sagen«, meinte er später, »ich fragte mich, warum ich überhaupt Bauunternehmer sein sollte. Eigentlich hatte es mir nie richtig Spaß gemacht.«

Er ging auf Alpha-Niveau, um über alle Aspekte seines Lebens nachzudenken. Er fragte sich, was ihm Spaß machte. Das einzige, woran er wirklich Freude hatte, war offenbar Golf zu spielen. Wie wunderbar wäre es, wenn er eine Stelle fände, bei der er mit Golf zu tun hätte. Das Beste an der Entwicklung aber war, daß Michael jetzt erkannt hatte, daß er nicht noch einmal das gleiche wie früher machen wollte; es lag ihm nichts daran, ›die Sache zu wiederholen‹. Und er konnte sich selbst verzeihen, denn ihm war klar geworden, daß er mit den ihm damals zur Verfügung stehenden Mitteln das Beste getan hatte, was er tun konnte. Endlich befreite er sich von dieser Last. Er ließ los.

»Es ist wirklich komisch«, sagte er kürzlich. »Da stand ich nun, ohne einen Cent in der Tasche. Keine Aussichten, kein Geld, kein Haus, kein Auto, 44 Jahre alt, und trotzdem war ich glücklicher als je zuvor. Ich hatte den Entschluß gefaßt, entweder in einem Geschäft für Golfartikel oder auf einem Golfplatz zu arbeiten. Und es war mir egal, welche Arbeit es war, solange ich dabei nur mit Golf zu tun hatte.

Meine Freunde dachten wahrscheinlich, ich sei verrückt. Aber das störte mich nicht, ich war trotzdem glücklich. Marcia war mit allem einverstanden. Ich nahm eine Stelle bei einem Sportclub in Los Angeles an. Man betraute mich zwar nur mit niedrigen Arbeiten, aber ich hielt die Augen immer offen und war entschlossen, mein Bestes zu geben, und das tat ich auch. Ich arbeite jetzt seit drei Monaten dort und muß sagen, daß es die schönsten drei Monate meines Lebens waren. Die Bezahlung ist nicht besonders gut, und deshalb arbeitet Marcia auch wieder. Sie hat eine Arbeit gefunden, die ihr Spaß macht, und wir sind uns jetzt näher als jemals zuvor. Ich gehe dreimal am Tag auf Alpha-Niveau und bin glücklich. Was will man mehr.«

Michaels Geschichte wärmte uns das Herz. Er setzt jetzt seine eigenen Ziele, und damit geht es ihm viel besser. Was aber noch wichtiger ist: Er hat sich all seine vergangenen ›Missetaten‹ verziehen.

Seine Schuldgefühle kann man nur neutralisieren, wenn man sich selbst verzeiht. Dazu muß man sich darüber im klaren sein, daß man als der Mensch, der man heute ist, nicht genauso handeln würde wie der, der man früher war. Wenn eine bestimmte Sache Ihr persönliches Wachstum behindert, gehen Sie auf Alpha-Niveau und überdenken das

Ganze noch einmal. Rahmen Sie dieses geistige Bild blau ein, und drücken Sie den Rahmen immer weiter zusammen, bis die Szene ganz klein ist. Wenn das Bild nur noch die Größe einer Bohne hat, stellen Sie sich vor, wie es mit einem Knall zerplatzt.

Rufen Sie sich dann den Vorfall wieder ins Gedächtnis zurück. Diesmal stellen Sie sich vor, wie Sie heute mit den Ihnen zur Verfügung stehenden Mitteln handeln würden. Lassen Sie in sich ein Bild der Sache entstehen, so wie Sie heute als neuer, reiferer Mensch damit umgehen würden. Rahmen Sie die Szene weiß ein, und konzentrieren Sie sich darauf. Sie können sich selbst verzeihen, weil Sie zu einem neuen Bewußtsein gelangt sind (der Beweis dafür ist, daß Sie deswegen zuerst Schuldgefühle hatten), und mit diesem Bewußtsein kommt die Erkenntnis, daß Sie in dieser Angelegenheit nicht noch einmal genauso handeln würden.

Ihre Handlungen, das sind Sie selbst. Sie haben jetzt neue Möglichkeiten des Handelns, und Sie sind ein neuer Mensch. Gehen Sie auf Alpha-Niveau, legen Sie die Spitzen der ersten drei Finger beider Hände zusammen und sagen Sie: »Ich verzeihe mir alles, was ich früher getan habe. Von jetzt an werde ich der beste Mensch sein, der ich sein kann.« Verlassen Sie das Alpha-Niveau, und leben Sie Ihr Leben in der bestmöglichen Weise. Geben Sie Ihr Bestes.

9

Ärger

Alles auf dieser Welt hat sein Gegenstück. Oft sind diese Gegensatzpaare leicht zu finden: Tag und Nacht, heiß und kalt, groß und klein, Freiheit und Sklaverei, Liebe und Haß, usw. Um die Natur des einen zu verstehen, ist es immer sehr nützlich, sich die Merkmale des anderen genau anzusehen. Wann könnte man besser verstehen, was Freiheit ist als dann, wenn man einmal versklavt war? Wer groß ist, erfaßt das Wesen der Größe nicht so klar wie jemand, der klein ist, und umgekehrt. Wer weiß besser, was Wärme ist, als der, der gefroren hat? Wasser ist für den Durstigen etwas ganz anderes als für den, der bis auf die Haut durchnäßt ist. Das Natürliche und das Unnatürliche, Angst und Zuversicht — diese und praktisch auch alle anderen Dinge sind Gegensätze, die sich nur vom Ausmaß her unterscheiden. Durch Nachdenken und Überlegen können wir ihre Polarität erfassen und uns über ihre Natur klarwerden.

Was ist das Gegenteil von Ärger?

Wir wissen, daß Ärger eine negative Reaktion ist, ein Gefühl großen Unbehagens. Das Gegenteil wäre also eine positive Reaktion und ein Gefühl großen Wohlbehagens. Das Gegenteil von Ärger ist Freude. Wenn wir uns wieder eine Art Meterstab vorstellen mit Ärger ganz außen auf der negativen Seite und Freude am anderen, positiven Ende, dann sehen wir, daß es in der Mitte eine neutrale Zone gibt, die weder zu Freude noch zu Ärger gehört; es ist der Bereich des völligen Unbeteiligtseins, wo weder eine negative noch eine positive Reaktion erfolgt, sondern überhaupt keine.

Sowie Sie schrittweise vom negativen Ende zur Mitte gehen, gibt es immer weniger Ärger; sobald Sie über die neutrale Zone hinausgekommen sind und sich im positiven Bereich bewegen, gibt es immer mehr Freude.

Was macht Ihnen Freude? Was ärgert Sie? Sie werden feststellen, daß in beiden Fällen eine Reaktion auf äußerliche Reize vorliegt. Re-Aktion. Da Ärger eine Reaktion ist, sind Sie selbst dafür verantwortlich, denn Sie selbst sind Aktion und Reaktion. Ihre Handlungen, das sind Sie selbst. Um sich selbst zu verändern, müssen Sie anders handeln. Wenn Sie das einmal verstanden haben, dann ist jede Veränderung möglich — sogar die von Unbehagen zu Wohlbehagen.

Lassen Sie uns nun die Sache mit dem Ärger am Beispiel von Bunny und Bully genauer untersuchen. Bunny hat ein schwaches Selbstwertgefühl. Seine schlechte Meinung von sich selbst hat zu einem schwachen Ego geführt. Deshalb meint er immer, daß jeder ihn kritisieren will. (Da er doch selbst so wenig von sich hält, wie könnte jemand anderes viel von ihm halten?) Und so ärgert er sich sehr leicht. Alles, was irgend jemand tut oder sagt, beurteilt er aus dem Selbstverständnis, nichts wert zu sein. Sogar eine so belanglose Bemerkung wie: »He, Bunny, du hast ja eine neue Jacke« konnte ihn wütend machen. Er hat das Gefühl, daß die Jacke nicht richtig paßt, billig aussieht, eine häßliche Farbe hat, daß ihm der Verkäufer die Jacke aufgeschwätzt hat. All das kommt von der negativen Meinung über sich selbst, die sich auf sehr vieles überträgt, was er sagt und tut. Er reagiert auf diese harmlose Bemerkung damit, daß er ärgerlich wird. »Was geht das dich an?« Oder: »Meine Jacke gefällt dir nicht? Geh doch zum Teufel.« Und der Freund, der diese unschuldige Bemerkung über Bunnys neue Jacke gemacht hatte, geht wie vom Donner gerührt davon.

Menschen mit schwachem Selbstwertgefühl ärgern sich leicht, weil sie im allgemeinen negativ reagieren.

Und da ist andererseits Bully, der typische Kämpfer, der andere ständig herausfordert und der immer darauf wartet, daß jemand auf seine aggressive Haltung reagiert. Er hat Angst, weniger wert zu sein als die anderen. Da er gleichwertig sein will, macht er andere Menschen nieder, denn wenn sie kleiner sind, muß er ja größer sein. Und je kleiner und schwächer die anderen in seinen Augen sind, um so größer und stärker fühlt er sich selbst.

Bully nimmt Bunny aufs Korn und beschimpft ihn, daß seine Mutter aus der Gosse komme und sein Vater noch schlimmer sei. Bunny kocht vor Wut. Seine Reaktion steht in keinem Verhältnis zu Bullys Schimpfwörtern, die eigentlich keine Bedeutung oder tieferen Sinn haben. Bully kennt Bunnys Eltern nicht einmal, und Bunny weiß das; er fühlt sich aber in seiner Selbstachtung angegriffen und meint, irgendwie reagieren zu müssen, um seine Männlichkeit unter Beweis zu stellen. Er *weiß* ja eigentlich, daß er ein Mann ist. Wenn man etwas weiß, muß man es niemandem beweisen, am wenigsten sich selbst.

In diesem Fall aber ist Bully viel kräftiger als Bunny, er hat mehr Vertrauen in seine kämpferischen Fähigkeiten, und er ist für eine körperliche Auseinandersetzung besser gerüstet. Bunny ist eingeschüchtert. Er traut sich nicht, sich zur Wehr zu setzen, so gern er das auch möchte, und so geht der ganze Ärger nach innen. Er haßt sich dafür, daß er nicht so reagieren kann, wie er möchte. Er hält sich für feige und unfähig, die Situation zu bewältigen, und seine Selbstachtung sinkt noch mehr.

Was würde Jack Armstrong — ein gelassener, selbstsicherer Mensch mit einem starken Ego — in einem solchen Fall tun? Würde er darauf ärgerlich reagieren? Nein. Hätte er Angst davor, Feigling genannt zu werden? Warum sollte er? Er weiß, daß er kein Feigling ist. Höchstwahrscheinlich würde er sich so verhalten, als ob ihn ein fremder Hund anbellen würde. Warum sollte er auf das reagieren, was ein Fremder zu ihm sagt, wenn er weiß, daß es nicht stimmt?

Sehen wir uns noch ein anderes, konkreteres Beispiel an. Jack Armstrong parkt rückwärts ein und stößt dabei zufällig an den Kotflügel von Bullys Wagen. Bully reagiert sofort heftig. Er brüllt: »Sie Idiot, was machen Sie mit meinem Auto!«

Eigentlich ist Bullys Wagen nichts passiert, aber der Zeitpunkt scheint ihm günstig, um sein kleiner werdendes Selbstbild zu stärken. Er hat wieder einmal die Gelegenheit, jemanden herunterzumachen.

Jack sieht sofort, mit wem er es zu tun hat. Er macht einen Bogen um Bully, wie er es bei einem bellenden Hund tun würde, und sagt: »Hören Sie, das tut mir leid, das war wirklich keine Absicht.«

Aber Bully will nichts davon hören. Er schimpft über den Kotflügel, die idiotische Fahrweise von Jack und macht vielleicht noch ein paar Bemerkungen über die Eltern von Jack.

»Wie können wir das regeln?« fragt Jack ganz ruhig. Er möchte den bellenden Hund einfach besänftigen. Als Bully merkt, daß er Jack nicht einschüchtern kann, springt er in seinen Wagen und fährt weg. Er will auf keinen Fall, daß der, mit dem er sich angelegt hat, mehr Stärke zeigt als er selbst. Dadurch würde sein Selbstwertgefühl noch kleiner, und er stünde als noch größerer Maulheld da.

Wenn wir jetzt wieder an unseren Meterstab denken, dann war Jack hier genau in der neutralen Zone, er hat weder negativ noch positiv reagiert. Jack hat überhaupt nicht reagiert. Er tat etwas, um diese mißliche Lage auf möglichst friedliche Weise zu beenden. Dieses Handeln hatte er selbst in der Hand.

Denken Sie einmal an einen Vorfall zurück, wo Sie ärgerlich waren; Sie werden feststellen, daß Sie auf einen Reiz von außen reagiert haben. Das ist eine unbestreitbare Tatsache. Sie müssen auf überhaupt nichts reagieren, es sei denn, Sie möchten es. Wir sind zum großen Teil darauf programmiert zu reagieren und denken, daß wir etwas mit gleicher Münze heimzahlen müssen, um als erwachsen zu gelten. Wir vergessen, daß derjenige ein reifer Mensch ist, der nachdenkt, bevor er auf etwas reagiert.

Nehmen wir einmal ein anderes Beispiel, bei dem es nicht um körperliche Konfrontation, sondern um den Ärger über ein unbelebtes Objekt geht. Bunny war einkaufen, geht zum Auto und stellt fest, daß jemand an seiner Stoßstange eine Beule hinterlassen hat. Er sucht nach einem Zettel oder irgendeinem Hinweis darauf, wer diese Gemeinheit begangen hat, findet aber nichts. Er knallt die Einkaufstasche auf den Boden und schimpft fünf Minuten lang wie ein Rohrspatz. Er schlägt mit der Faust an die Stoßstange, schaut sich auf dem Parkplatz um und kocht vor Ärger und Verbitterung. Er bekommt Magenschmerzen, und schließlich setzt er sich in sein Auto und fährt mit quietschenden Reifen davon. Auf dem Heimweg schreit er alle an und hupt ständig, damit die anderen ihm Platz machen oder schneller fahren. Natürlich verläuft das Abendessen in nicht gerade angenehmer Stimmung, seine Familie leidet darunter, und er selbst wälzt sich die ganze Nacht schlaflos im Bett herum und überlegt, wie er den bösen Menschen, der seine Stoßstange beschädigt hat, erwischen könnte. Eine negative Reaktion auf den Anblick einer Stoßstange, die eine Beule hat.

Aber, werden Sie vielleicht sagen, auf eine verbeulte Stoßstange würde wohl jeder negativ reagieren.

Das ist aber nicht so. Ein selbstsicherer und reifer Mensch mit einem starken Selbstwertgefühl und einem gesunden Ego würde die Situation sofort so auffassen, wie sie ist. Vor allem stellt die verbeulte Stoßstange nicht einen Angriff auf das Selbst dar, es war ein Unfall. Ein reifer Mensch würde, nachdem er einen Zettel gesucht und keinen gefunden hat, das Ganze mit einem Achselzucken abtun und an etwas anderes denken, also auf die Beule an der Stoßstange nicht reagieren und daher auch kein Problem daraus machen.

Und dann gibt es noch Menschen, die nicht nur reif sind, sondern auch die Silva-Methode der mentalen Dynamik anwenden können, um die Situation positiv zu verwandeln. Sie reagieren, aber auf positive Weise. Die positive Reaktion ist eine freudige Reaktion. Wie, so könnten Sie zu Recht fragen, kann ein normaler Mensch auf den Anblick einer verbeultem Stoßstange mit Freude reagieren?

Rufen Sie sich doch noch einmal die Geschichte von George S. und seiner verbeulten Stoßstange ins Gedächtnis, die wir im 3. Kapitel ›Fünf Regeln zum Glücklichsein‹ erzählt haben. George hat die Beule in einen Vorteil für sich verwandelt. Als er die eingedellte Stoßstange sah, dachte er: »Was wird es wohl kosten, das zu reparieren? Ganz gleich, was es kostet, ich werde in den nächsten Monaten den dreifachen Betrag zusätzlich verdienen.« Als die Werkstatt die Reparatur mit 250 Dollar zusätzlich veranschlagte, setzte sich George zum Ziel, 750 Dollar zusätzlich zu verdienen. Statt ständig an den bösen Menschen zu denken, der für die Beule verantwortlich war, denkt unser Silva-Absolvent nur darüber nach, wie er 750 Dollar verdienen kann. Jedesmal, wenn er die Beule sieht, denkt er: »Ich habe 500 Dollar extra in der Tasche«, und lächelt. Eine positive Reaktion.

Wir haben jetzt drei verschiedene Reaktionen auf dieselbe Situation gesehen. Bunnys negative Reaktion, Jack Armstrongs neutrale Reaktion und die positive Reaktion des Silva-Absolventen. Können Sie sich vorstellen, wie jeder dieser drei Menschen durch sein Leben geht? Können Sie sich vorstellen, welche Einstellung jeder der drei zu sich selbst und anderen Menschen, anderen Dingen, Erfahrungen und zum Leben im allgemeinen hat?

Vielleicht fragen Sie sich jetzt, wie Sie Ärger und Frustration zumindestens in eine neutrale Reaktion verwandeln können, wenn schon nicht in eine positive. Hier sind ein paar einfache Silva-Methoden, wie Sie Ärger loswerden oder ihn zumindest abblocken, bevor die automatische Reaktion einsetzt. Die erste Möglichkeit ist die Drei-Finger-Technik, die wir im 1. Kapitel vorgestellt haben. Legen Sie einfach die Spitzen der ersten drei Finger beider Hände zusammen, und sagen Sie ›ruhig‹ oder ›verzeihen‹, wenn etwas passiert, worauf Sie normalerweise negativ reagieren würden. Sie werden dann ruhig und gefaßt bleiben, so daß Sie mit dem Problem wie ein reifer Mensch umgehen können.

Es gibt noch eine andere Methode, um Ärger abzublokken; wir nennen sie ›auf Wohlfühlen umschalten‹. Gehen Sie mit der Zungenspitze innen in die Mitte der oberen Zahnreihe, und bewegen Sie sie nach oben, bis Sie zum Zahnfleisch kommen und zu dem Punkt, wo es ein bißchen einfällt. Das ist die ›Umschaltstelle‹: Berühren Sie in jeder Situation, in der jemand Sie zu einer negativen Reaktion bringen könnte, einfach diese Stelle mit der Zungenspitze und denken Sie das Wort *ruhig*. Sie werden dann ruhig werden oder ruhig bleiben und sich ganz unter Kontrolle haben.

Alle Emotionen sind imaginär insofern, als die geistiger Natur sind. Ärger schafft, wie alle anderen Emotionen auch, ein geistiges Bild, das eine Reaktion herausfordert. Mit den in diesem und im 5. Kapitel (›Die Erfolgsbilder‹) aufgezeigten Methoden verfügen Sie über ein geistiges Instrumentarium, um sich Frustrationen, Unbehagen und Verstimmungen zu ersparen.

10

Selbstwertgefühl

Was ist Selbstwertgefühl? Es hat viel mit Selbstsicherheit zu tun. Man könnte sagen, daß das Selbstwertgefühl dem Ego entspricht, dem Teil Ihrer selbst, der bestimmt, wer Sie sind.

Was denken Sie über sich selbst? Haben Sie eine gute Meinung von sich und Achtung vor sich selbst? Dann haben Sie ein gutes, starkes Ego. Wenn Sie eine eher schlechte Meinung von sich und wenig Selbstachtung haben, dann ist Ihr Ego schwach.

Natürlich kann man zu verschiedenen Lebensbereichen auch eine unterschiedliche Meinung von sich haben. Man hält vielleicht auf dem einen Gebiet sehr viel von sich und in anderen Dingen ziemlich wenig. Leider ist es meist die schlechte Meinung, der man mehr Gewicht beimißt. Es ist wie bei einem Karren, bei dem nur das Rad geschmiert wird, das quietscht. Was können wir nun tun, um das zu überwinden?

Der erste Schritt ist, sich darüber klarzuwerden, daß *Selbstwertgefühl die Meinung ausdrückt, die man von sich hat*. Wenn Sie sich dessen voll und ganz bewußt sind, sind Sie auf dem besten Weg, dieses Selbstwertgefühl zu stärken.

Als nächstes stellen Sie sich die Frage, warum Sie überhaupt in irgendeinem Lebensbereich eine nicht so gute Meinung von sich haben sollten. Ein Grund dafür könnte sein, daß Sie sich mit anderen vergleichen. Wenn Sie bei diesem Vergleich schlechter abschneiden, sinkt Ihre Meinung von sich selbst, und es kommt zu Problemen.

Was Sie tun müssen ist, Ihr Selbstwertgefühl zu stärken. Aber wie? Wenn Sie sich mit jemand anderem vergleichen — ob das nun ein Künstler, Anwalt oder Klempner, eine Sekretärin, ein Minister, Atomphysiker, Musiker, Sportler oder was auch immer ist — und der Ansicht sind, daß der Betreffende auf irgendeinem Gebiet besser ist als Sie, dann leidet Ihr Selbstwertgefühl ganz allgemein darunter. Wenn Sie zu einer wirklich zutreffenden Meinung von sich selbst kommen wollen, dann ist der einzig sichere Weg dazu, die anderen in ihrer Ganzheit zu sehen, auf eine Art und Weise, bei der alle einander gleichgestellt sind.

Denken Sie daran, daß jeder Mensch andere Möglichkeiten hat. Nicht jeder ist ein Mann, und nicht jeder ist eine Frau. Nicht alle sind groß, und nicht alle sind klein. Nicht jeder hat Übergewicht, Untergewicht oder Normalgewicht. Aber jeder *ist* ein Mensch, und in dieser Hinsicht sind Sie allen anderen menschlichen Wesen gleichgestellt. Einem Pferd zum Beispiel kommen Sie nicht gleich. Ein Pferd hat viel mehr Kraft als Sie. Aber Sie fühlen sich durch die Tatsache, daß ein Pferd mehr Kraft hat, nicht herabgesetzt. Ein Hund ist schneller als Sie, aber Sie fühlen sich dadurch nicht herabgesetzt, daß dieses Tier schneller läuft als Sie. Ein Elefant ist größer als Sie, aber auch durch diese Tatsache fühlen Sie sich nicht herabgesetzt. Das Pferd, der Hund und der Elefant stehen außerhalb des Bereichs, in dem Verallgemeinerungen dessen, was Sie sind, nämlich ein menschliches Wesen, gelten können.

Manche Menschen sehen bei anderen Fähigkeiten und Eigenschaften, die sie nicht haben, und fühlen sich deshalb irgendwie betroffen. Dieses Gefühl der Unzulänglichkeit wirkt sich, auch wenn es nur einen bestimmten Bereich betrifft, auf das ganze Ego und auf die Meinung aus, die man insgesamt von sich hat. Wenn man jeden als menschliches Wesen sieht, dann sind alle einander gleichgestellt. Groß, klein, reich, arm, klug, unwissend, zu dick, zu dünn oder normal — diese Merkmale sind irrelevant. Wir sind alle menschliche Wesen, und so gesehen gibt es keinen Wettbewerb. Es kann keinen geben. Sie können weder ›weniger Mensch‹ noch ›mehr Mensch‹ werden. Sie waren, sind und werden immer ein menschliches Wesen sein, das ist eine unbestreitbare Tatsache.

Wenn Sie die anderen als Menschen sehen, werden Sie feststellen, daß jeder auf dieser Welt etwas kann, was Sie nicht können. Und Sie können Dinge, die kein anderer auf dieser Welt kann. Deshalb stehen andere Menschen aber nicht über oder unter Ihnen. Sie sind einfach in bestimmten Lebensbereichen anders. Sind sie deshalb bessere Menschen?

Nehmen wir zum Beispiel zwei Bäume. Der eine ist ein tausendjähriger Redwood, ein großer, stattlicher Baum. Sie sehen ihn an und blicken dann auf eine kleine, verkrüppelte Kiefer, die aus einer Felsspalte am Berg herauswächst. Ist der Redwood-Baum in Ihren Augen besser als die Kiefer? Natürlich nicht. Sie sehen nur zwei Bäume, und mehr sollten Sie auch nicht sehen, weil es nur zwei Bäume sind. Der eine ist größer, der andere kleiner, aber mit besser oder schlechter hat das nicht das geringste zu tun. Wenn Sie zwei Menschen gegenüberstehen — ob nun einer von ihnen ein außergewöhnliches Talent hat oder nicht —, was Sie vor sich haben und sehen sollten, sind einfach zwei Menschen. Wenn Sie in ihnen zwei Menschen sehen können und nicht den Drang verspüren, besser zu sein, dann haben Sie ein hohes Maß an Selbstwertgefühl erlangt und können sie als das sehen, was sie in der Tat sind — menschliche Wesen, die allen anderen gleichgestellt sind.

Jeder hat etwas Besonderes. Was haben Sie, das niemand anders hat? Denken Sie einmal darüber nach. Es gibt etwas, das Sie können und zu dem kein anderer in der Lage ist, den Sie kennen. Sind Sie deshalb besser oder heißt es einfach, daß Sie etwas besser können als andere?

Gibt es in Ihrem Leben jemandem, zu dem Sie aufsehen, den Sie für besser halten als sich selbst? Dann sollten Sie daran arbeiten, Ihr Selbstwertgefühl zu stärken. Gibt es in Ihrem Leben jemanden, auf den Sie heruntersehen, von dem Sie meinen, daß er unter Ihnen steht? Auch in diesem Fall sollten Sie an Ihrem Selbstwertgefühl arbeiten. Wenn Sie die, die Sie früher als weit unter Ihnen oder hoch über Ihnen stehend gesehen haben, als Ihnen gleichgestellt betrachten — sie machen vielleicht manches anders, sind aber Menschen, ebenso wie Sie —, dann haben Sie ein gesundes Selbstwertgefühl.

Wenn Sie ein starkes Selbstwertgefühl haben, dann stehen Sie in ständigem Wettbewerb mit dem einzigen Menschen, mit dem es Sinn hat zu konkurrieren — mit sich selbst. Dann wird das Leben zu einem Spiel und alles, was vorher beschwerlich und unangenehm war, wird zu einer Herausforderung und zu einem Teil dieses Spiels.

Ein gutes Beispiel dafür, welche Vorteile es hat, mit sich selbst zu konkurrieren, ist die Geschichte von Charlie B., der eines Tages zu einem Silva-Kurs für mentale Dynamik kam. Charlie verlegte Teppiche und versuchte ständig, bei seiner Arbeit besser und schneller zu sein als jeder andere, jedoch ohne Erfolg. Nach dem Seminar in mentaler Dynamik beschloß er, nur mit sich selbst zu konkurrieren. Er mußte damals Teppiche in Neubauten verlegen. Zum ersten Mal in seinem Leben nahm er eine Stoppuhr mit zur Arbeit. In jedem Zimmer stoppte er die Zeit, die er brauchte. Für das Schlafzimmer brauchte er eine Stunde, für den Korridor zwei, für das Wohnzimmer eine Stunde und zehn Minuten, für das Treppenhaus zweieinhalb Stunden. Er machte alles fertig, schrieb sich die Zeiten auf und steckte das Notizbuch in die Tasche.

Am nächsten Tag ging er mit mehr Elan in die Arbeit als jemals zuvor. Er zog sein Notizbuch und die Stoppuhr heraus und begann mit der Arbeit; jetzt hatte er ein neues Ziel.

Sein Ziel war jetzt, den Teppich im Schlafzimmer in weniger als einer Stunde zu verlegen, im Korridor in weniger als zwei Stunden, im Wohnzimmer in weniger als einer Stunde und zehn Minuten und im Treppenhaus in weniger als zweieinhalb Stunden. So verging der Tag wie im Flug, und er war im Vergleich zum Vortag dreißig Minuten schneller gewesen. Seine Vorfreude auf den nächsten Tag war groß.

Es dauerte nicht lang, und Charlie war der schnellste Teppichverleger der Firma. Und dann beschloß er, seine Arbeit noch besser zu machen. Die Ränder der Teppiche sollten perfekt passen. Nachdem er auch dieses Ziel erreicht hatte, suchte er sich die schwierigeren Aufgaben aus. Als er der beste Mann in der Firma geworden war, beschloß Charlie, sich selbständig zu machen. Er fing klein an und bemühte sich um ein paar Aufträge. Er beschloß, das Spiel, mit sich selbst zu konkurrieren, weiterzuverfolgen. Wenn er einen Auftrag bekommen hatte, beschloß er, in der folgenden Woche einen besseren ›an Land zu ziehen‹, und in der Woche danach einen noch größeren. Innerhalb von zwei Jahren hatte Charlie das größte Teppichgeschäft weit und breit. Natürlich war mit dem Geschäft auch sein Selbstwertgefühl gewachsen — in erster Linie deshalb, weil Charlie beschlossen hatte, mit sich selbst zu konkurrieren.

Wann immer Sie sich ein Ziel setzen und es erreichen, wird Ihr Selbstwertgefühl gestärkt. Das gilt für lang- und mittelfristige Vorhaben ebenso wie für Ziele, die man sich für den Tag setzt. Wenn man sich als seinen eigenen Konkurrenten sieht, kann man solche Ziele leicht erreichen. In diesem Fall strebt man ja nur danach, etwas ein bißchen besser oder schneller als das letzte Mal zu machen. Eine solche Leistung befriedigt und wirkt sich sofort stärkend auf das Ego aus. Bei vielen Arbeiten kann man eine Stoppuhr verwenden, wenn man mit der Zeit und sich selbst wetteifern will. Für andere Aufgaben braucht man wieder andere Maßstäbe, zum Beispiel wenn man den Entspannungszustand immer mehr vertiefen will; wenn es darum geht, wie viele gute Taten man in der Woche tut; oder wie gut man seine Ziele erreicht, usw.

So, wie Sie sind, sind Sie genau richtig. Machen Sie sich klar, daß Sie nur eines sein sollen: der beste Mensch, der Sie selbst sein können. Geben Sie jederzeit Ihr Bestes, auch wenn es manchmal wenig ist. Das gehört zum Menschsein: von den wechselnden Rhythmen beeinflußt zu werden. Es gibt keinen Grund, Schuldgefühle zu haben, wenn Sie einmal nicht das Bestmögliche tun können; das unter diesen Umständen Beste ist gut genug. Machen Sie sich klar, daß Sie immer auch von Kräften beeinflußt werden, die sich Ihrer Kontrolle entziehen; das reicht von früheren Erfahrungen bis zum Wetter. Was Sie kontrollieren können, sind Dinge wie Ihre Einstellung, Ihr Standpunkt und Ihre Emotionen. Die mentale Dynamik nach José Silva hilft Ihnen, diese geistigen Kräfte zu steuern.

Nichts stärkt das Selbstwertgefühl mehr, als zu gewinnen. Wer siegt, hat immer ein starkes Selbstwertgefühl. Diese Stärke des Ego ist in den verschiedenen Lebensbereichen unterschiedlich. Sie können zum Beispiel auf einem Gebiet, sagen wir im Geschäftsleben, ein starkes Ego haben und in anderen Dingen − vielleicht wenn Sie eine Rede halten sollen − eine eher schlechte Meinung von sich haben. Es ist also nicht richtig, den Schluß zu ziehen, daß das Selbstwertgefühl eines Menschen ein Gesamtbild widerspiegelt. In welchen Lebensbereichen ist Ihr Selbstwertgefühl am stärksten? Was machen Sie besser als fast jeder andere? In welchen Bereichen können Sie Ihrer Meinung nach am erfolgreichsten sein? Wenn Sie in etwas, was Sie schon gut können, noch besser werden, dann fühlen Sie sich wie ein Sieger, und Ihr Selbstwertgefühl ist in diesem Bereich so stark, daß es Ihr Ego auch in allen anderen Bereichen stärkt.

Der erste Schritt bei unserer Methode, das Selbstwertgefühl zu stärken, ist also, aus den vielen Dingen des Lebens etwas herauszugreifen, was Sie schon gut können und noch besser machen wollen. Das kann die Zubereitung von Omeletts sein, an der Börse spekulieren, Geschäfte machen, Fußball spielen oder sich gut zu kleiden. Jeder hat etwas, das er besonders gut kann. Wenn Sie das gefunden haben, gehen Sie auf das meditative Alpha-Niveau und betrachten die Sache von allen Seiten. Stellen Sie sich bildhaft-plastisch vor, wie Sie das Betreffende tun, und intensivieren Sie dann dieses geistige Bild. Machen Sie es heller, größer und farbiger. Vertiefen Sie es, machen Sie es dreidimensional. Setzen Sie Ihre Sinneswahrnehmungen ein. Wenn Sie Ihre Begabung gründlich überprüft haben, verlassen Sie das Alpha-Niveau und überlegen, wie Sie mit sich selbst konkurrieren können, um noch besser zu werden. Es ist hilfreich, wenn Sie etwas auswählen, was Sie entweder von der Qualität, der Quantität oder der Zeit her verbessern können.

Um diese Begabung auszubauen, setzen Sie sich als erstes zum Ziel, darin vollkommen zu werden. Dazu muß zuerst die Ausgangsbasis feststehen, das heißt: Wie meistern Sie diese Sache jetzt? Dann legen Sie fest, wie Sie es besser machen wollen — indem Sie es öfter oder seltener tun, schneller oder langsamer, größer oder kleiner, was eben in Ihrem Fall zutrifft. Jetzt gehen Sie auf Alpha-Niveau und sehen sich dabei, wie Sie die betreffende Sache besser machen. Intensivieren Sie das Bild auf dieselbe Weise wie vorher, aber jetzt machen Sie die Sache besser; vorher haben Sie Ihre Begabung nur gründlich überprüft. Dann setzen Sie sich die Umsetzung zum Ziel. Halten Sie an diesem Bild fest, wenn Sie wieder auf der normalen Bewußtseinsebene sind, arbeiten Sie auf dieses Ziel hin und bleiben Sie dabei, bis Sie es erreicht haben.

Sie werden dabei Ihr eigener Konkurrent sein, und Sie werden damit Erfolg haben. Es wird für Sie bald zur Gewohnheit werden, Erfolg zu haben, zu gewinnen, und Ihr Selbstwertgefühl wird wachsen.

Frances G. fühlte sich immer als Verliererin. Ihr gefiel weder ihr Aussehen noch ihre Arbeit, und sie schien auch immer an die falschen Männer zu geraten. Sie nahm in erster Linie deshalb an dem Seminar teil, weil sie gehört hatte, daß es ihr vielleicht helfen könnte, aus ihrem alten Trott herauszukommen. Frances' Meinung von sich selbst war durch und durch negativ, und sie hörte sich mit gespannter Aufmerksamkeit an, was der Seminarleiter über Selbstwertgefühl und Ego sagte.

Frances wählte das Fotografieren, weil sie meinte, es besser zu können als irgendeiner ihrer Bekannten. Und so beschloß sie, sich darin zu verbessern. Wie sie sagte, fotografierte sie zu der Zeit schon ziemlich gut. Aber sie war entschlossen, noch besser zu werden.

Als Frances einige Zeit später wieder vorbeikam, war sie kaum wiederzuerkennen. Ihre Kleidung, ihr Make-up, ihre Frisur, ihre Haltung — alles war anders. Sie schien alles bestens im Griff zu haben. Sie sprach wie ein erfolgsgewohnter Mensch. Wir fragten sie, was denn passiert sei. Sie lächelte und sagte, daß sie eine Idee in die Praxis umgesetzt hätte, die ihr in den Sinn gekommen war, als sie sich wieder einmal auf Alpha-Niveau versetzt hatte. Sie arbeitete daran, wurde immer besser, und hatte sich schließlich mit Erfolg selbständig gemacht.

Sie erzählte, daß sie damals ein Foto sah, das sie von einem Berg gemacht hatte, nur daß es irgendwie anders war. Als sie sich wieder auf die normale Bewußtseinsebene versetzt hatte, suchte sie das Bild heraus und klebte es auf einen festen Karton. Dann schnitt sie den Berg aus, brachte auf der Rückseite eine Stütze an, so daß man ihn hinstellen konnte, und stellte das kleine Standbild in einem Regal auf. Nach ein paar Tagen stand auf dem Bord eine ganze Kollektion solcher Berge. Sie wollte einfach in ihrem Hobby besser werden. Als sie einmal eine Freundin besuchte und diese ungewöhnlichen Fotostandbilder von Bergen sah, fragte sie

Frances, ob sie nicht für sie auch so ein Bild machen würde, allerdings von einem Kaktus. Sie wollte Frances auch den Zeitaufwand bezahlen. Frances machte das Fotostandbild von dem Kaktus, und die Freundin schickte wieder eine andere Freundin vorbei. Schließlich investierte Frances ihre ganze Freizeit in diese neue Sache und verlangte den dreifachen Preis, um das Geschäft in Grenzen zu halten. Es nahm aber trotzdem weiter zu. Sie erhöhte den Preis wieder um das Dreifache, hatte aber immer noch mehr Arbeit, als sie schaffen konnte.

Das Letzte, was wir von ihr hörten war, daß sie gekündigt und drei Leute angestellt hatte, die ihr bei der Herstellung halfen; außerdem verdiente sie jetzt in einem Monat mehr Geld als vorher in einem halben Jahr. Ihr Selbstwertgefühl war enorm gewachsen. Frances kam vor kurzem zu einem Seminar, um ihre Geschichte zu erzählen und allen zu sagen, daß jeder etwas hat, das er noch besser machen kann. Und so ist es bei Ihnen auch.

Welches Hobby haben Sie? Wie können Sie darin besser werden? Was macht Ihnen am meisten Spaß? Wie könnten Sie damit Geschäfte machen? Gehen Sie auf Alpha-Niveau, intensivieren Sie Ihre Bilder, und stellen Sie sich vor, daß Sie mit dem, was Sie am besten können, etwas Neues anfangen. Vielleicht kommen Sie mit einem neuen Hula-hoop oder auch einem Apple-Computer ganz groß heraus. Selbst wenn es nicht so kommt: Zu wissen, daß Sie etwas können, wird mit dazu beitragen, Ihr Selbstwertgefühl zu stärken.

Programmieren: Vergangenheit, Gegenwart, Zukunft

11

Alte Programme — neue Programme

Wie sehen Ihre Lebensziele aus?

Was möchten Sie in Ihrem Leben erreichen?

Was betrachten Sie als die Erfüllung Ihres Lebens?

Überdenken Sie jetzt Ihre Ziele und Erwartungen. Kommen sie aus Ihnen selbst, oder sind es die Erwartungen anderer Menschen? Wenn es nicht Ihre eigenen Ziele und Erwartungen sind, könnten sie dann vielleicht durch eine Art Programmierung von außen entstanden sein, wie zum Beispiel durch Ihre Eltern, die Kirche oder das Schulsystem, Freunde, Lehrer, durch die Regierung oder die Medien? Haben Sie aufgrund dieser Programmierung einen anderen Weg eingeschlagen, als Sie eigentlich wollten?

Überprüfen Sie das, was Sie tun und was Ihnen aufgrund Ihrer Handlungen geschieht. Bewerten Sie diese Ereignisse: Bringen sie Sie Ihren Zielen näher, oder sind sie eher eine Behinderung?

Jeder Mensch ist mit einem freien Willen ausgestattet; allerdings spielen hier viele Faktoren eine Rolle, zum Beispiel auch die Verhaltensmuster, die andere Menschen festgelegt haben. Frühere Programmierungen beeinflussen Ihre Überzeugungen darüber, was Sie sind und wer Sie sind. Diese Überzeugungen — der Beziehungsrahmen, nach dem Sie Ihr Leben ausrichten — stammen von Autoritätspersonen und gründen auf dem Vertrauen in sie; im allgemeinen sind es die Eltern. Wenn Sie eine bestimmte Überzeugung haben, werden Sie nur Informationen annehmen, die diese Überzeugung bekräftigen; alles, was ihr widerspricht, werden Sie zurückweisen. Das heißt, daß Sie Ihren freien Willen aufgeben, wenn Sie nur Informationen annehmen, die Ihre Überzeugung bekräftigen, und wenn diese Überzeugungen von jemand anderem geprägt wurden, dann schaffen nicht Sie sich Ihre eigene Realität, sondern die Realität des Menschen, der Ihnen diese Überzeugung aufgeprägt hat.

Wenn Ihr Leben und Ihre Lebensführung so sind, wie Sie es möchten, dann ist die alte Programmierung gut für Sie, und Sie werden sie nicht ändern wollen. Überlegen Sie einmal: Sind Sie mit Ihrem Leben zufrieden, so wie es zur Zeit ist? Bedenken Sie die positiven, die guten Dinge in Ihrem Leben. Bedenken Sie die negativen, die schlechten Dinge in Ihrem Leben. (Eigentlich gibt es keine guten oder schlechten Dinge; sie *sind* einfach. Erst wenn man sie in Beziehung zu etwas anderem setzt, werden sie gut oder schlecht, erst durch Ihre Sichtweise, Ihre Einstellung und Ihren Standpunkt. Feuer ist etwas Gutes, wenn es Ihr Essen kocht, aber etwas Schreckliches, wenn es Ihr Haus niederbrennt. Wasser ist etwas Wunderbares für den Bauern, der auf Regen wartet, aber etwas Schreckliches für einen Menschen, der in einem Fluß ertrinkt.) Wie ist es bei Ihnen mit den positiven und negativen Dingen? Betrachten Sie Ihr gegenwärtiges Leben einmal so objektiv wie möglich. Welche Meinung haben Sie von Ihrem Leben, so wie es jetzt ist? Man könnte auch sagen, daß wir hier ein Lebens-Ego untersuchen und nicht ein persönliches Ego. Das persönliche Ego ist die Meinung, die man von sich selbst hat; das Lebens-Ego wäre die Meinung, die man von seinem bisherigen Leben hat.

Wenn Sie mit Ihrem Leben nicht zufrieden sind, wenn Ihre Meinung darüber negativ ist, dann könnte das möglicherweise an alten Programmierungen liegen. Wir wollen nun sehen, ob wir die Schranken niederreißen können, die Sie nicht weiterkommen lassen. Wir wollen sehen, ob Sie sich nicht des Menschen, der Sie sein können, der Sie sein möchten, bewußter werden. Der erste Schritt dazu ist, sich von Programmierungen zu befreien, die andere Ihnen aufgezwungen haben. Der zweite Schritt ist, sich seiner eigenen Zielsetzungen entsprechend neu zu programmieren.

Alte Programmierungen sind wie ein Damm, der Ihren Lebensstrom daran hindert, natürlich und frei zu fließen. Wie ein Fluß durch einen Damm programmiert (kontrolliert) wird, so werden auch Sie von Programmierungen gelenkt und kontrolliert.

Doch wie können Sie sich von unerwünschten alten Programmierungen befreien? Sie setzen sich bequem hin, gehen auf Alpha-Niveau und visualisieren den Damm, der Sie blockiert. Der Damm stellt all die Überzeugungen dar, die Sie daran hindern, das zu tun, was Sie möchten. Stellen Sie sich vor, wie der Damm bricht und das Wasser des Stausees freigibt, so daß es wieder frei fließen kann. Das frei fließende Wasser stellt Ihre *eigenen* Gedanken, Ihren *eigenen* Geist dar. Wenn Ihre Gedanken jetzt unter Ihrer Leitung frei fließen können, haben Sie die Dinge im Griff. Wenn Ihre Überzeugungen für Sie unumstößlich sind, können Sie sie vielleicht nicht ganz kontrollieren. Das gelingt Ihnen jedoch, wenn Sie sich darüber klarwerden, daß Sie die Fähigkeit dazu haben und sie zielgerichtet einsetzen können. Dann haben Sie Ihren Geist unter Kontrolle. Es werden von außen Anregungen an Sie herangetragen, aber Sie allein entscheiden in Zukunft, ob Sie sie annehmen oder zurückweisen.

Nach der Visualisierung überlegen Sie, in welcher Richtung Sie Ihr Leben verändern wollen. Zuerst schließen Sie einen Pakt mit sich selbst in bezug auf alle zukünftigen Versuche anderer, Sie zu programmieren. Schließen Sie jetzt für einen Moment die Augen und sagen: »Ich werde nur auf konstruktive Anregungen reagieren.« Konzentrieren Sie sich beim Sprechen auf diese Worte. Hören Sie sich jedes Wort klar und deutlich aussprechen.

Als nächstes legen Sie Ihre eigene Programmierung fest. Denken Sie darüber nach, was Sie in Ihrem Leben verändern möchten. Durch diese Programmierung werden Energien freigesetzt, die für Sie arbeiten (das eben ist eigene Programmierung); es werden Energiesignale ins Universum gesendet. Die Visualisierung verstärkt und beflügelt diese Energie. Womit sind Sie nicht zufrieden? Welche Lebensweise würde Ihnen am meisten gefallen? Visualisieren Sie sich selbst mit dieser Lebensweise. Stellen Sie sich bildhaftplastisch vor, wie wohl Sie sich damit fühlen.

Sich neu programmieren heißt einfach, einen anderen Weg einschlagen, es ist so, als ob man von der bisher befahrenen Straße abbiegen würde. Wenn Sie mit Ihrem gegenwärtigen Leben nicht zufrieden sind, dann sind Sie vielleicht auf der falschen Straße. Stellen Sie sich vor, daß Sie an einer Kreuzung stehen, von der verschiedene Straßen zu verschiedenen Orten führen. Visualisieren Sie, was am Ende der Straße ist, auf der Sie sich jetzt befinden. Stellen Sie sich möglichst bildhaft vor, welche Straße zu dem Ort führt, an dem Sie sein möchten.

Und wie kommen Sie nun auf die richtige Straße? Sie führen eine Veränderung herbei. Das kann eine größere Veränderung sein, zum Beispiel ein Umzug, etwas kaufen oder verkaufen oder der Wechsel des Arbeitsplatzes. Es kann aber auch etwas scheinbar Unbedeutendes sein, wie die Eßgewohnheiten zu ändern, die Wohnung oder das Büro in Ordnung zu bringen. Was immer Sie ändern, Sie tun es, und das Leben wird dadurch ein bißchen leichter. Wenn das Leben befriedigender wird, dann heißt das, daß Sie das Richtige tun. Die Botschaft heißt dann: »Du weißt jetzt, wo es langgeht; mach weiter so.« Wenn Sie die Sache wiederholen, um die Veränderung zu verstärken, und das Leben noch befriedigender wird, dann sollten Sie auch dies als Botschaft an Sie sehen, daß Sie das Richtige tun und diesen Weg weitergehen sollten.

12

Wie Sie Ihre Ziele programmieren

Die meisten hier beschriebenen Programmierungsmethoden funktionieren in ähnlicher Weise: Sie visualisieren, was Sie nicht wollen, und löschen es; dann visualisieren Sie, was Sie wollen, und stellen sich vor, wie es dann sein wird.

Wenn Sie sich für ein bestimmtes Ziel programmieren, das Sie erreichen wollen, dann schicken Sie eine Botschaft ins Universum. Der Weg dieser Botschaft ist so ähnlich wie die Übermittlung eines Fernseh- oder Radioprogramms. Die Station strahlt Energiewellen aus, die in alle Richtungen gehen, bis sie auf einen Empfänger treffen, ein Radio- oder Fernsehgerät. Wenn die Wellenfrequenz mit der des Empfängers übereinstimmt, wird das Programm empfangen.

So ist es auch, wenn Sie sich selbst programmieren. Wenn Sie sich nach einer der Silva-Methoden programmieren, müssen Sie etwas abgeben, etwas ausstrahlen können (mehr dazu im 24. Kapitel ›Kommunikation‹). Wenn Sie etwas empfangen wollen, müssen Sie aufnahmebereit sein. Ständiges Programmieren heißt, daß Sie laufend etwas ausstrahlen. Solange Sie ausstrahlen, können Sie nichts empfangen. Sie müssen irgendwann einmal aufnahmebereit sein, um das Ergebnis dessen aufnehmen oder empfangen zu können, worauf Sie sich programmiert haben. Gehen Sie davon aus, daß die Veränderung aller Wahrscheinlichkeit nach eintreten wird. Wie in so vielen Dingen des Lebens ist auch hier der Satz ›Bitte, und dir wird gegeben werden‹ viel wirksamer, wenn man dabei auf Alpha-Niveau ist.

Eine der vielseitigsten und wirksamsten Silva-Techniken zur Programmierung ist die, die wir als ›Bühne des Geistes‹ bezeichnen. Sie können diese Methode dazu einsetzen, etwas zu bekommen, oder sich von etwas zu befreien, was Sie nicht wollen. Denken Sie jetzt kurz darüber nach, was Sie wollen. Denken Sie dabei nur an das Endergebnis. Grübeln Sie nicht darüber nach, wie Sie dahin kommen; stellen Sie sich nur vor, daß Sie es bereits erreicht haben. Wenn dem etwas im Wege steht, sollten Sie auch darüber nachdenken. Bei der Visualisierung des positiven Ergebnisses Ihrer Programmierung sollten Sie sich das Datum vorstellen, an dem es eintritt.

Und so funktioniert die ›Bühne des Geistes‹:

Sie gehen — wie im 1. Kapitel beschrieben — auf Alpha-Niveau. Dann stellen Sie sich vor, daß Sie vor einem Theater stehen. Sie gehen hinein und setzen sich in die Mitte der dritten Reihe.

Erste Stufe. Stellen Sie sich vor, daß der Vorhang geschlossen ist und Sie bequem sitzen. Wenn dieses Bild in Ihrem Geist deutlich geworden ist, sehen Sie, wie sich der Vorhang öffnet. Jetzt projizieren Sie sich auf die Bühne, gemeinsam mit den Menschen, die an dem Problem beteiligt sind. Stellen Sie sich die Szene und das Bühnenbild möglichst genau vor; setzen Sie auch geeignete Requisiten ein. Dann wird Ihr Problem dargestellt. Wenn die Aufführung vorbei ist, projizieren Sie sich wieder auf Ihren Sitz, und sehen Sie zu, wie der Vorhang zugeht. Wenn der Vorhang geschlossen ist, schreiben Sie im Geiste ein großes rotes *Nein* darauf und sagen sich: »Ich löse mich jetzt von allen Gefühlen, die mich früher in dieser Szene festhielten.« Sie spüren, wie diese Gefühle verschwinden, und wie Sie sich ohne sie fühlen.

Auf der zweiten Stufe stellen Sie die Weichen dafür, sich das Leben zu erleichtern. Erfolg beruht meist auf früher festgelegten Mustern. Je öfter Sie etwas tun, um so leichter wird es. Ihr Ziel auf der zweiten Stufe ist, sich von allen Einschränkungen zu befreien, so daß Sie über Ihre normalen Fähigkeiten hinausgehen und zukünftige Erfolge festlegen können. Auf der zweiten Stufe werden Sie ein Alter ego verwenden, das Ihnen den Weg ebnet.

Denken Sie einen Augenblick nach: Wenn Sie irgendeine Person wählen könnten, lebend oder bereits tot, real oder fiktiv, die Sie in Ihrem Leben darstellen könnte: Wen würden Sie sich aussuchen? Dieser Schauspieler wird Ihr Alter ego sein und bei der Lösung Ihres Problems auf der zweiten Stufe mitspielen. Den positiven Ausgang des Spiels haben Sie bereits festgelegt. Sie bleiben in der Mitte der dritten Reihe sitzen, während Ihr Alter ego auf der Bühne agiert. Sie sind sowohl der Regisseur als auch der Autor des Stückes und Sie können die Handlung jederzeit verändern.

Zweite Stufe. Der Vorhang öffnet sich. Ihr Alter ego spielt Ihre Rolle, und die Handlung beginnt. Sie visualisieren, wie Ihrem Alter ego alles gelingt, was Sie programmieren. Sie sehen die Handlung. Wenn Sie sich zum Beispiel einen neuen Arbeitsplatz wünschen, dann sehen Sie Ihr Alter ego bei dieser neuen Arbeit am Schreibtisch sitzen oder bei der Durchführung der Aufgaben, die in der von Ihnen gewünschten Arbeitswelt anfallen. Lassen Sie die Schauspieler all die Tätigkeiten durchführen, die dann anliegen, wenn Sie Ihr Ziel erreicht haben. Dann setzen Sie einen Stichtag fest; Sie hören, wie eine Stimme sagt: »Das wird am … (Stichtag) passieren.« Wenn das Datum festgesetzt ist, schließen Sie den Vorhang. Schreiben Sie im Geiste das Wort *besser* darauf, und sagen Sie sich: »So soll es sein.«

Da jetzt die Weichen gestellt sind, müssen Sie nur noch selbst in Aktion treten, und das ist auf der dritten Stufe der Fall. Sie werden darin auf dieselbe Weise agieren wie Ihr Alter ego. Der Ablauf ist festgelegt. Dieses Mal projizieren Sie sich jedoch auf die Bühne und spielen den positiven Ausgang Ihrer Programmierung selbst.

110

Dritte Stufe. Der Vorhang geht auf. Sie projizieren sich selbst auf die Bühne und stellen die Lösung Ihres Problems auf dieselbe Weise dar wie Ihr Alter ego. Sie bringen denselben Stichtag ins Spiel. Wenn Sie den positiven Ausgang als Hauptdarsteller durchgespielt haben, projizieren Sie sich wieder auf Ihren Sitz in der Mitte der dritten Reihe. Der Vorhang geht zu, und Sie schreiben im Geiste darauf ›immer besser‹ und sagen sich: »So wird es sein.« Das ist also die Technik der ›Bühne des Geistes‹.

Wir empfehlen, diese Technik jeweils dreimal für jede Ihrer Zielsetzungen anzuwenden, und zwar einmal täglich an drei aufeinanderfolgenden Tagen. Am ersten Tag üben Sie auf Ihrer geistigen Bühne die erste, zweite und dritte Stufe; am zweiten Tag nur die zweite und die dritte; und am dritten Tag nur die dritte Stufe. Die erste Stufe visualisieren Sie bei jedem Problem nur ein einziges Mal, denn Sie wollen sich ja auf die Lösung konzentrieren.

Eines Tages kam Barton E. in eines unserer Seminare; er hatte vor kurzem Konkurs gemacht und sich ein ganzes Jahr, in Selbstmitleid versunken, zu Hause verkrochen. Ein Freund brachte ihn mit und er zeigte einiges Interesse an unseren Ideen. Die Sache mit der ›Bühne des Geistes‹ war für ihn aber ›zu weit hergeholt‹, wie er sagte.

Wir sahen darin kein Problem, denn sogar viele unserer Ausbilder waren am Anfang skeptisch, als sie das erste Mal etwas über diese Techniken hörten. Wir akzeptieren jeden Skeptiker, solange er sich Neuem öffnet und eine abwartende Haltung einnimmt. Barton war skeptisch, nahm aber an der Übung teil. Sein Endziel waren ein gutgehendes Geschäft und ein neues Auto (und zwar ein goldfarbener Cadillac Eldorado).

Er wußte nicht, was er eigentlich machen wollte; es sollte nur nicht seine alte Beschäftigung sein. Deshalb visualisierte er sich selbst in einem luxuriösen Büro, am Telefon und mit den Füßen auf dem Schreibtisch, denn nur der Chef einer

Firma kann seine Füße auf den Schreibtisch legen, ohne dafür gerügt zu werden. Er sah sich auch selbst dabei, wie er Schecks unterschrieb, zur Bank ging und wie er seinen brandneuen Cadillac Eldorado in Empfang nahm. Er visualisierte, wie er in seinem neuen Wagen bewundert wurde, und sah im Geiste all die positiven Dinge, die einen erfolgreichen Geschäftsmann ausmachen.

Später gab er zu, sich bei dieser Übung ein bißchen dumm vorgekommen zu sein. Er rief sich dann aber ins Gedächtnis, daß schließlich Millionen von Menschen in aller Welt seit über zwanzig Jahren die Silva-Methoden zur Problemlösung einsetzen und beschloß, erst einmal abzuwarten.

Etwa vier Monate später rief er bei uns an und sagte: »Es ist alles so gekommen. Alles! Ich kann es gar nicht glauben. Es ist mir absolut unverständlich, aber ich sitze hier in meinem luxuriösen Büro, bin ein erfolgreicher Geschäftsmann — und, ach ja, vor dem Haus steht ein goldfarbener Cadillac Eldorado, und an dem Parkplatz steht mein Name.«

Barton E. brachte mehr als vierzig Freunde zu den Silva-Seminaren, von denen viele ebenso erfolgreich wurden. Diese Art der Programmierung funktioniert also. Versuchen Sie es doch auch einmal mit der ›Bühne des Geistes‹, um eines Ihrer Ziele zu erreichen.

13

Früheres Selbst, zukünftiges Selbst

Vielen geht es so, daß sie bei dem Gedanken an das eine oder andere vergangene Ereignis verärgert (oder, was noch schlimmer ist, schuldbewußt) sagen: »Warum habe ich das nur getan? Das war wirklich dumm von mir.« Und so sitzen sie kopfschüttelnd und stirnrunzelnd da und verbringen lange Minuten, Stunden, manchmal Tage und Wochen mit einer Art geistigen Selbstgeißelung. Wenn die Schuldgefühle tief genug gehen, bleiben sie vielleicht monate- oder jahrelang in diesen Gefühlen der Betroffenheit und Reue stecken.

Das sollte logischerweise nicht so sein. Warum sollte etwas Vergangenes die Kraft haben, Ihrem gegenwärtigen Selbst zu schaden? Warum sollte etwas Vergangenes die Kraft haben, Sie zu schwächen oder krankzumachen? Was verleiht einem Ereignis der Vergangenheit diese Macht, das Schicksal und die Gedanken eines Menschen zu steuern? Dinge der Vergangenheit haben diese Macht. Sie können sich nicht nur auf den Geist eines Menschen, sondern auch auf den Körper verheerend auswirken.

Sie können Ihre Haltung gegenüber einem Ereignis der Vergangenheit verändern, hier und jetzt. In Wirklichkeit gibt es kein Jetzt, nur ein ständiges Fließen von der Vergangenheit zur Zukunft. Was wir unter dem Jetzt verstehen, ist die Vergangenheit der Zukunft und die Zukunft der Vergangenheit. Da es kein Jetzt gibt, können wir Wunder vollbringen, wenn wir uns die Vergangenheit in dem Bestreben anschauen, die Zukunft zu verändern.

Gedanken kennen keine Zeit, keinen Raum. Sie können sich gedanklich von einem Augenblick zum anderen auf die dunkle Seite des Mondes versetzen. Sie können im Nu wieder bei einem Ereignis der Vergangenheit sein, ob es nun einige Stunden oder schon Jahrhunderte zurückliegt. Gedanken haben keine Grenzen mit Ausnahme der, die Sie ihnen selbst setzen. Sie können die Vergangenheit verändern, indem Sie durch gezielte, dynamische Gedanken Ihre Vorstellung von der Vergangenheit verändern.

Alle in der Gegenwart auftretenden Probleme wurden in der Vergangenheit geboren. Was diesen Problemen ihre Macht verleiht, ist die dem Menschen innewohnende Fähigkeit, geistige Bilder zu schaffen; diese Fähigkeit bezeichnen wir als Vorstellungskraft. Wenn man das weiß und richtig einsetzt, kann man durch entsprechende Steuerung der Vorstellungskraft viele negative Situationen verwandeln.

Wenn Sie meinen, irgendwann einmal etwas Dummes getan zu haben, dann ist Ihnen der Gedanke, ›wenn ich nur die Zeit zurückdrehen könnte — ich würde es bestimmt anders machen‹, ein alter Bekannter.

Nein, das würden Sie nicht. Bedenken Sie: Sie tun immer das Beste, das Sie tun können. Wenn Sie derselbe Mensch wären mit denselben Emotionen, die Sie damals hatten, unter denselben Umständen, mit all den Möglichkeiten, die Ihnen damals zur Verfügung standen — Ihr Wissen, Ihr Gesundheitszustand, Ihre seelisch-geistige Verfassung, Ihr Maß an Energie usw. —, und sich in diese Situation zurückversetzen könnten, dann würden Sie genau dasselbe wieder tun. Wenn Sie heute meinen, früher einmal etwas Dummes getan zu haben, und es bedauern, dann ist das ein Zeichen dafür, daß Sie reifer geworden sind. Wäre das nicht der Fall, dann würden Sie sich noch genauso fühlen wie früher. Ihrem gegenwärtigen Selbst stehen andere Möglichkeiten zur Verfügung als Ihrem früheren. Dazu zählen Ihr erweitertes Bewußtsein, Ihre größere Intelligenz, ein umfassenderes Wissen und nicht zuletzt die Tatsache, daß Sie auf das betreffende Ereignis zurückblicken und die Folgen Ihres Handelns bereits kennen. Mit diesen Möglichkeiten wären Sie in der damaligen Situation ein anderer, ein besserer Mensch gewesen.

Alle Ereignisse Ihres Lebens haben zu dem beigetragen, was Sie heute sind. Es sind aber nicht die Ereignisse, aus denen Ihr gegenwärtiges Selbst entstanden ist, sondern es ist vielmehr Ihre Haltung gegenüber diesen Ereignissen.

Nehmen wir zum Beispiel zwei Menschen. Wir wollen zuerst ergründen, wodurch sie so geworden sind, wie sie sind, und zweitens, ob sie sich verändern können, falls einer von ihnen das möchte. Einer der beiden Menschen ist aggressiv und streitsüchtig, der andere liebenswürdig und freundlich. Den einen wollen wir der Einfachheit halber ›Feind‹ nennen, den anderen ›Freund‹.

In unserem Fall standen beide in der Kindheit an einem Scheideweg. Als sie zwölf Jahre alt waren, kam es zwischen Freund und Feind zu einer Auseinandersetzung, die ihr Ego in bezug auf den besonderen Aspekt ihres Lebens prägte, um den es uns hier geht. (Das Ego ist, wie Sie wissen, die Meinung, die man von sich selbst hat.)

Einer der beiden sagte oder tat etwas, und Feind forderte Freund zum Kämpfen auf. Freund weigerte sich, Feind wurde wütend, nannte Freund einen Feigling und schrie: »Geh heim zu Mama!« Freund zuckte die Achseln und ging weg, verwirrt und bedrückt.

Eigentlich nur eine kleine Begebenheit. Sehen wir uns nun die geistigen Bilder an, die Freund und Feind in dem fraglichen Moment hatten.

Während der Auseinandersetzung entstanden bei Freund und Feind geistige Bilder. Freund visualisierte eine Niederlage. Feind schrie: »Los, wir kämpfen.« Freund sah sich mit schmerzverzerrtem Gesicht und blutender Nase auf dem Boden liegen und dann weinend nach Hause laufen. Und er sah die lachenden Gesichter der Klassenkameraden, die mit dem Finger auf ihn zeigten. Mit solchen Bildern im Kopf wollte Freund sich natürlich nicht auf eine Auseinandersetzung mit Feind einlassen. Im Geiste war Freund bereits der Unterlegene; es gab nur eine Möglichkeit, dem aus dem Weg zu gehen, nämlich nicht zu kämpfen. Und so drehte sich Freund um und lief weg.

Feind hatte ganz andere Bilder. Freund lag auf dem Boden, und Feind stand über dem unterlegenen Gegner. Feind sah im Geiste, wie die ganze Schule respektvoll zusah, seine kämpferischen Fähigkeiten und seinen Mut bewunderte. Feind sah sich, wie er stolz erhobenen Hauptes und lächelnd herumging, der Held der Schule. Kein Wunder, daß Feind aggressiv wurde. Feind wollte, daß diese Bilder Wirklichkeit würden.

Vieles änderte sich, als sie älter und reifer wurden. Freund war als Erwachsener zwar kein Feigling, er wich aber immer aus, wenn es zu einer Konfrontation kam, denn die Bilder (Bilder, deren sich Freund im übrigen nicht bewußt war) tendierten stark zum Negativen, Defätistischen. Feind war ganz das Gegenteil. Er war immer gleich voll dabei und nahm die Sache in die Hand. Freund überdachte eine Sache wochenlang, bevor er eine Entscheidung traf; Feind agierte einfach.

Wir wollen hier nicht darüber urteilen, wer es als Erwachsener weiter brachte, denn beide Persönlichkeitstypen haben etwas für sich. Worauf wir hinauswollen, ist, daß keiner von beiden etwas über die geistigen Funktionen weiß und sich beide nicht unter Kontrolle haben.

Wenn man die geistigen Mechanismen kennt, hat man sein Leben besser im Griff. Manchmal will man eher negativ eingestellt sein, um eine Enttäuschung zu vermeiden oder um die Situation aus einer anderen Perspektive zu sehen. Zu anderen Zeiten wieder packt man etwas einfach an, und dafür braucht man eine positive Einstellung. Wenn man bewußt handelt, hat man die Dinge unter Kontrolle. Und das ist der Schlüssel: die Kontrolle.

Weder wurde Freund durch den erwähnten Vorfall im Alter von zwölf Jahren zum Feigling, noch wurde aus Feind ein Held. Vieles war vorher geschehen, aber diese Begebenheit war von entscheidender Bedeutung. Beide standen damals am Scheideweg, und beide denken oft an den Vorfall zurück. Feind wird es dann innerlich ganz warm, und er lacht; Freund spürt ein Frösteln, zuckt die Achseln und fühlt auch als Erwachsener noch leichtes Unbehagen in sich aufsteigen. Beide erinnern sich an den Vorfall, messen ihm aber keine Bedeutung bei.

Da sich der Vorfall in Wirklichkeit nicht so zugetragen hat, wie Freund denkt, kann Freund seinen Standpunkt dazu mit einer einfachen Silva-Methode der mentalen Dynamik verändern. Und wenn das Ereignis geistig verändert wird — durch Veränderung des Standpunkts —, dann ändert sich auch die Kette von Ereignissen, die in Freund zu einer pessimistischen Einstellung geführt hat. Denn wenn sich der Vorfall verändert, durch den Freund nach seiner Meinung zu einem allzu schüchternen und zurückhaltenden Menschen wurde, dann ändert sich auch die Einstellung zu vielen anderen Dingen.

Aber, werden Sie jetzt sagen, man kann doch nichts verändern, was schon geschehen ist. Doch, Sie können. Denn nichts hat sich jemals so zugetragen, wie es Ihrer Meinung nach war. Niemand kann eine genaue, objektive Erinnerung an etwas haben; die Realität wird immer von alten Prägungen und Überzeugungen gefärbt.

Jede Erfahrung wird mit den uns zu dem entsprechenden Zeitpunkt zur Verfügung stehenden Mitteln gefiltert, und wir sehen sie durch die Linse unserer Einstellung. Wenn in dieser Erinnerung eine Person vorkommt, dann sehen Sie in Wirklichkeit nicht diese Person, sondern nur eine Projektion von ihr. Es ist, als ob Sie auf einen Schatten blicken, den jemand an die Wand wirft, und denken, daß das Schattenbild diese Person ist. Alle Menschen projizieren so ein Schattenbild — viele sogar von sich selbst. Echte Gefühle werden immer unter der Bewußtseinsebene verborgen gehalten, weil die meisten Angst davor haben, sie zu äußern.

Was Freund über diesen Vorfall denkt, ist also in Wirklichkeit eine Projektion. Freund hat sich eine Erinnerung von dem Ereignis bewahrt, das seiner Meinung nach in der Folgezeit seine Einstellung zu Männern, Frauen, dem Beruf und dem Leben im allgemeinen beeinflußt hat. Sobald es zu Konfrontationen kommt, wird in Freund die Erinnerung an die Kindheitsepisode mit Feind ausgelöst und damit verbunden seine damalige Haltung und Handlungsweise.

Um ein Ereignis der Vergangenheit zu verändern, verändert man also einfach seine Erinnerung daran. Dazu verändern Sie Ihre Haltung gegenüber diesem Ereignis und versetzen sich noch einmal in jene Zeit, um den damaligen geistigen Rahmen neu zu formen.

Das ist alles.

Nehmen wir an, Freund würde einen Kurs in mentaler Dynamik besuchen, und er würde angewiesen, mit Hilfe der im 1. Kapitel beschriebenen Zählmethode auf Alpha-Niveau zu gehen oder zu meditieren. Freund würde sich dann auf Alpha-Niveau zeitlich an jenen Scheideweg zurückversetzen und das frühere Selbst anweisen, seinen Geist in der richtigen Weise einzusetzen. Die heutigen Möglichkeiten von Freund sind im Vergleich zu denen des Zwölfjährigen enorm, und der Freund von heute kann diese Möglichkeiten des zukünftigen Selbst dem früheren zur Verfügung stellen.

Freund visualisiert das vergangene Ereignis mit der Erfolgsbilder-Technik, um das Bild zu intensivieren. Er macht die Szene heller und farbiger. Dann macht er sie dreidimensional und gibt ihr mehr Tiefe. Freund kann die Szene aus der Vergangenheit riechen, hören, spüren. Die Handlung wird unterbrochen.

Immer noch auf Alpha-Niveau, geht Freund im Geiste auf das frühere Selbst zu und stellt eine Verbindung mit dem gegenwärtigen Selbst her. Freund sagt dem früheren Selbst, daß es das gegenwärtige Selbst von der Zukunft aus ist, und daß der Freund der Zukunft dem der Vergangenheit helfen wird, indem er ihm die Möglichkeiten gibt, die der Freund der Zukunft hat. Was das zukünftige Selbst dem früheren Selbst geben wird, ist das Instrument der geistigen Bilder. Das frühere Selbst wird das geistige Bild des bevorstehenden Konflikts verändern.

Jetzt kommt es zu der Konfrontation. Feind hat Freund gerade angeschrien: »Los, wir kämpfen.« Die Handlung ist eingefroren, wie ein Stilleben, aber das frühere Selbst von Freund ist beweglich. Sein gegenwärtiges Selbst befindet sich auf Alpha-Niveau, sitzt bequem auf einem Stuhl und gestaltet die Szene mit seiner ganzen Vorstellungskraft. Freund agiert jetzt als zukünftiges Selbst und stellt sich vor, daß er vor seinem früheren Selbst steht. Freund sagt dem früheren Selbst, was passiert ist, und erklärt ihm, daß die Angst von den geistigen Bildern herrührt, die das frühere Selbst geschaffen hat. Da aber das zukünftige Selbst dem früheren Selbst jetzt das Wissen um die geistigen Funktionen zur Verfügung stellt, kann der Freund der Vergangenheit mit der Konfrontation umgehen.

Der Freund der Gegenwart sagt dem Freund der Vergangenheit, daß er die Bilder verändern soll. Freund sieht sein früheres Selbst über den Gedanken an einen Kampf lachen, weil es begreift, daß dabei nicht mehr herauskommen kann als daß entweder Freund oder Feind oder beide verletzt werden. Der Freund der Vergangenheit soll eine Szene visualisieren, in der Feind gekränkt darauf reagiert, daß Freund nicht auf seinen Spott reagiert, und sich dann trollt. Der Freund der Vergangenheit bekommt eine ganze Reihe neuer geistiger Bilder. Jetzt gratulieren ihm die Freunde und Klassenkameraden dazu, wie er mit der Konfrontation umgegangen ist. Der Freund der Gegenwart — immer noch auf Alpha-Niveau — macht die Szene heller, größer und farbiger. Schließlich rahmt Freund die ganze Szene weiß ein, und so wird sie zur neuen Erinnerung.

Sollte die alte Szene mit dem Freund der Vergangenheit, der wegläuft, dem Freund der Gegenwart jemals wieder ins Gedächtnis kommen, dann versieht er die Szene sofort mit einem blauen Rahmen und ersetzt sie durch die mit dem weißen Rahmen. Freund nimmt der Szene im blauen Rahmen die Farbe, macht sie flach und eindimensional und immer kleiner, bis sie nur noch so groß ist wie eine Bohne — dann sieht er sie verschwinden.

Wann immer sich Freund jetzt an diesen Vorfall erinnert, denkt er an das neue Bild, bei dem das frühere Selbst klüger und reifer ist. Und nachdem er diesen Vorfall mehrfach so gesehen hat, entwickelt Freund eine neue Erinnerung und eine neue Haltung; das betrifft auch eine ganze Reihe von Ereignissen, die er früher als negativ eingestuft hat. Ein dynamischer und zuversichtlicher Freund ist geboren.

Wenn Sie das Gefühl haben, daß eines Ihrer Probleme auf einem früheren Erlebnis beruht, dann können auch Sie bis zu diesem Zeitpunkt zurückgehen und Ihre Einstellung dazu verändern. Sie gehen einfach auf Alpha-Niveau und versetzen sich in jene Zeit zurück. Sprechen Sie mit Ihrem früheren Selbst und erklären Sie ihm, wer Sie sind. Erklären Sie ihm, daß Sie klüger sind, über mehr Möglichkeiten verfügen und ihm helfen wollen, auf den richtigen Weg zu kommen. Dazu zeigen Sie ihm, wie es sich mit Hilfe des Geistes von allen negativen Kräften befreien kann. Erklären Sie Ihrem früheren Selbst, wie geistige Bilder Furcht, Angst und Streß auslösen. Erklären Sie ihm, wie man diese geistigen Bilder verändert, um die Situation in den Griff zu bekommen. Und dann lassen Sie Ihr früheres Selbst — unter Leitung Ihres gegenwärtigen Selbst — die nötigen Veränderungen durchführen.

Neue
Kraftquellen
erschließen

14

Wunsch, Glaube und Erwartung

Wie kann man Geschehnisse den eigenen Vorstellungen gemäß beeinflussen? Wie kann man aktuelle Probleme lösen? Wie kann man Dinge ändern, die einem nicht passen? Es ist zwar unbestreitbar, daß man nicht immer das bekommen kann, was man will, aber es stimmt auch, daß man sein Leben sehr stark beeinflussen und oft dafür sorgen *kann*, daß es so läuft, wie man es möchte. Dazu müssen Sie die Kräfte von Wünschen, Glauben und Erwartungen verstehen und anwenden.

Bevor irgend etwas eintreten kann, was Sie möchten, müssen Sie den *Wunsch haben,* daß es eintritt. Sie müssen *glauben,* daß es geschehen kann. Und Sie müssen *erwarten,* daß es geschieht.

Wir wollen uns nun mit jedem dieser drei Aspekte näher beschäftigen und sehen, wie wir sie zu unserem Vorteil einsetzen können.

Jeder Manifestation des Willens geht der Wunsch zu handeln voraus. Man muß etwas wünschen, bevor der Wille in Aktion treten kann. Um etwas zu wünschen, muß man glauben, daß man daraus ein gewisses Maß an Befriedigung gewinnen wird.

Hinter allem, was Sie zwischen Aufwachen und Schlafengehen tun, steht irgendein Wunsch. Nichts wird getan, wenn nicht zuvor ein mehr oder weniger starker Wunsch vorhanden ist.

Die Befriedigung, die man aus einer Handlung zu ziehen glaubt, kann entweder eine direkte Befriedigung oder eine indirekte Befriedigung sein. Wenn man mehrere Wünsche hat, dann gibt man in den meisten Fällen dem nach, der das größte Maß an Befriedigung verspricht. Manchmal sieht es so aus, als ob der Wunsch realisiert wird, der weniger Befriedigung bringt; dann könnte es sein, daß man noch einen sekundären Nutzen davon hat.

Wenn man zum Beispiel für eine Wurzelbehandlung zum Zahnarzt geht, dann verspricht das kaum eine große Befriedigung. Der sekundäre Nutzen in diesem Fall ist, daß man seine Zahnschmerzen dadurch los wird. Das Beseitigen oder Vermeiden von Schmerzen ist in vielen Fällen der sekundäre Nutzen. Ein solcher Nutzen könnte auch sein, daß man von den anderen mehr Aufmerksamkeit bekommt, wenn es einem schlecht geht; in diesem Fall wird das Leiden durch die größere Aufmerksamkeit mehr als kompensiert.

Das Vermeiden von Schmerzen bringt viele Menschen dazu, in einer bestimmten Lebenssituation zu verharren, einfach weil sie spüren, daß eine Veränderung ein gewisses Maß an Leid mit sich bringen würde. Um dieses Leid zu vermeiden, führen sie ihr Leben weiter, obwohl sie auch darunter leiden. Der Ausdruck ›vom Regen in die Traufe kommen‹ trifft dieses Gefühl recht gut. Achten Sie darauf, wie hier die Erwartung mitspielt. Wenn man Leid oder Schmerz erwartet, dann wird man von dieser Kraft davon abgehalten, irgend etwas zu verändern, auch wenn der Schmerz nur in der Vorstellung existiert und vielleicht gar nicht eintritt.

Wie alle anderen Dinge, so können auch Wünsche mehr oder weniger intensiv sein, was die folgende Geschichte vom Guru und einem seiner Schüler deutlich macht. Der Schüler kam eines Tages zu ihm und fragte: »Meister, wie gelange ich zur Erleuchtung?« Der weise alte Guru führte ihn an das Ufer des Ganges, ließ ihn niederknien und den Kopf über das Wasser beugen. Dann legte der Guru seine Hand auf den Nacken des jungen Mannes und drückte seinen Kopf unter Wasser. Nach eineinhalb Minuten bekam der Schüler Angst. Er versuchte sich zu befreien und schlug mit den Armen wild um sich, aber der Guru hielt ihn eisern fest. Es gelang ihm nicht, den Kopf zu heben. Nach zwei Minuten, als ihm die Lunge schon zu platzen schien, ließ ihn der Guru los.

Der Kopf des jungen Mannes schnellte aus dem Wasser, und der Schüler schnappte nach Luft.

Der Guru lächelte. »Nun«, fragte er mit sanfter Stimme, »was war gerade dein größter Wunsch?«

»Zu atmen«, antwortete der Schüler sehr bestimmt.

»So«, sagte der Guru. »Wenn du dir die Erleuchtung ebensosehr wünschst, wirst du sie erlangen.«

Die Sache mit den Wünschen wird noch besser verständlich, wenn wir uns eine aufsteigende Skala vorstellen, etwa wie ein großes Thermometer. Unten an der Skala ist null, oben einhundert. Wenn ein Wunsch nicht stark ist, also irgendwo am unteren Ende der Skala steht, dann ist es ziemlich unwahrscheinlich, daß die Motivation ausreicht, um Ihre Willenskraft zu aktivieren und das gewünschte Ziel zu erreichen. Liegt der Wunsch am oberen Ende der Skala, dann kann fast nichts Sie davon abhalten, das gewünschte Ziel zu erreichen.

Wie man Wünsche verstärken kann, wird im 18. Kapitel ›Motivation und ständiges Aufschieben‹ näher behandelt. Einstweilen wollen wir es bei drei Regeln bewenden lassen.

Regel Nr. 1: Um einen Wunsch zu verstärken, gehen Sie auf Alpha-Niveau und visualisieren das positive Endergebnis dessen, was Ihrem Wunsch gemäß eintreten soll. Wenden Sie die Methode der Erfolgsbilder an, machen Sie die Szene heller, größer, farbiger und dreidimensional. Setzen Sie so weit wie möglich auch Ihre Sinne ein. Sie werden feststellen, daß Ihr Wunsch bei jeder Visualisierung stärker wird.

124

Und jetzt zur zweiten Kraft, dem Glauben. Glauben heißt, irgend etwas geistig als wahr zu akzeptieren. Man akzeptiert die Vorstellungen anderer, weil sie Autoritätspersonen sind, und wir daran gewöhnt sind.

Ein Glaube kann sich festsetzen (im allgemeinen in jungen Jahren, wenn man sehr vertrauensvoll ist), weil man zu einer Autoritätsperson absolutes Vertrauen hat (das sind normalerweise die Eltern, manchmal auch die Kirche oder Schule, manchmal auch andere Außenstehende, denen man vertraut, wie zum Beispiel ein Verwandter, ein Freund oder die Medien).

Diese Glaubensvorstellungen, ob falsch oder richtig, werden so lange verstärkt, bis sie zu einem grundlegenden Bestandteil der gedanklichen Abläufe werden. Das Ganze verfestigt sich noch dadurch, daß neue Vorstellungen durch die Struktur des falschen Glaubens überprüft werden, was das Problem noch vergrößert. Das bedeutet, daß man nur Informationen akzeptiert, die diesen Glauben erhärten. Informationen, die ihm widersprechen, werden zurückgewiesen.

Und darin liegt eines der größten Probleme der Menschheit.

Aller religiöser Fanatismus, Rassismus, Egoismus und fast jedes andere Vorurteil, das man sich denken kann, beruht auf Gedanken, die von außen an uns herangetragen werden und die der einzelne akzeptiert. Es gibt natürlich auch eine Art ›Gruppenglauben‹, der manchmal begründet und manchmal falsch ist.

Wie sehr der Glaube unser Verhalten und Urteilsvermögen formen kann, zeigt sich in der folgenden Geschichte. Eine Silva-Ausbilderin, Marsha C., führte eine Gruppe von Kindern in Los Angeles (sie waren zwischen sieben und elf Jahren alt) in den Kinder-Grundkurs ein. Das Hauptziel des Seminars ist, den Kindern ein Selbstwertgefühl zu vermitteln, ihnen zu zeigen, daß sie sein oder tun können, was sie gerne möchten; ihre Selbstachtung zu stärken und gute

Schüler aus ihnen zu machen, indem man ihnen erklärt, daß es kein dummes Kind gibt, sondern nur solche, die glauben, dumm zu sein. Wir haben festgestellt, daß ein guter Schüler mehr von einem schlechten Lehrer lernen kann, als ein schlechter Schüler von einem guten Lehrer.

An dem Seminar nahmen zwanzig Kinder teil, darunter auch die achtjährige Jane B., die glaubte, dumm zu sein. Auch ihre Mutter und viele ihrer Freunde hielten sie für dumm. Ihre Mutter äußerte Marsha gegenüber, daß sie sehr froh wäre, wenn sie irgend etwas für das Kind tun könnte; sie glaubte allerdings nicht, daß es innerhalb von nur drei Tagen möglich wäre.

Einmal nahm Marsha ein Stück Papier und sagte den Kindern, daß es ein Empfänger sei, denn es würde etwas bekommen. Dann nahm sie eine kleine Münze aus ihrem Geldbeutel und legte sie auf das Papier; das Papier mit der Münze legte sie neben eine Vase auf ihrem Tisch. Die Stunde ging weiter. Am nächsten Morgen fragte sie: »Wo habe ich die Münze hingelegt?« Keines der Kinder erinnerte sich daran; es war in der Zwischenzeit ja so viel passiert.

Marsha zeigte auf die Münze, die noch immer auf dem Stück Papier neben der Vase lag. Dann machte sie aus zwei Bogen Papier hundert kleine Rechtecke, nahm zwei Rollen Pfennige aus ihrer Tasche, legte auf jedes Stückchen Papier einen Pfennig und verteilte sie im ganzen Zimmer. Sie erinnerte die Klasse daran, daß jedes Stückchen Papier ein Empfänger war. Überall im Zimmer lagen jetzt Papierstückchen mit einem Pfennig darauf. Nach ein paar Stunden fragte sie wieder: »Wo habe ich den Pfennig hingelegt?«

Die Kinder schauten sie fragend an. Keiner wußte genau, was sie meinte, denn überall, wo man auch hinsah, lag ein Pfennig auf einem kleinen Stückchen Papier. Auf dem Boden, den Stühlen, auf dem Fensterbrett, vor der Tür, auf den Tischen — überall. Schließlich sagte Marsha: »Los, wir suchen jetzt alle einen Pfennig. Sammelt sie auf.«

Bald hatte jedes Kind vier, fünf oder sechs Pfennige. Marsha fragte: »Wie kommt es, daß ihr jetzt alle Pfennige gefunden habt, aber den einzelnen, den ich gestern neben die Vase legte, nicht?«

»Weil es heute so viele davon gab«, war die Antwort.

Marsha nickte. »Ja, weil es heute viele Pfennige auf vielen Empfängern gab.«

»Mit den Informationen, die ihr aufnehmt, ist es ganz ähnlich wie mit den Pfennigen«, fuhr Marsha fort. »Die Informationen werden im Gehirn auf Empfängern gespeichert, die man Neuronen nennt. Jedes Neuron enthält ein Stück Information; deshalb ist es ein Empfänger. Wenn man die Information nur auf einem Empfänger speichert, kann man sie nur schwer wiederfinden, und man meint dann, daß man ein schlechtes Gedächtnis hat; so war es, als ihr versucht habt, euch zu erinnern, wo der einzelne Pfennig lag. Speichert man die Information aber auf vielen Empfängern, kann man sie leicht wiederfinden.«

Die Kinder verstanden das nicht ganz, und deshalb demonstrierte Marsha es an einem Beispiel. Sie gab jedem Kind ein Blatt, auf dem die Schlacht von Trenton geschildert wurde. Die wesentlichen Punkte waren: An einem schneereichen Weihnachtstag im Jahr 1776 überquerte General George Washington mit 2200 Männern den Delaware, griff ein Söldnerheer an — die Hessen —, und gewann so eine entscheidende Schlacht des Unabhängigkeitskrieges.

Marsha nahm die achtjährige Jane B. beiseite und sagte: »Komm, Jane, ich werde dir helfen.«

Jane war beleidigt. »Ich kann doch selbst lesen.«

Marsha lächelte. »Das weiß ich, aber ich werde dir helfen, die Informationen in der Geschichte auf mehr Empfängern zu speichern.«

Marsha nahm sie mit in ihr Büro, ließ sie die Augen schließen und sich die Geschichte bildhaft-plastisch vorstellen. Jane sah ein Bild von George Washington vor ihrem geistigen Auge. Sie spürte, wie es schneite. Marsha sagte Jane, daß seine Truppe an diesem Tag aus 2200 Männern bestand. Sie ließ Jane eine Eule visualisieren, ›weil sie zwei große runde Augen hat, wie zwei Nullen‹, mit der Zahl 22 über dem Kopf. Als sie zu den Hessen kam, gab Marsha einen mißbilligenden Zischlaut von sich, weil sie die Feinde waren, und formte dann diesen Laut zu dem Wort *Hessen.* Marsha ließ Jane die geistigen Bilder verstärken: der Schnee wurde noch weißer und kälter; Jane stellte sich die Eule ganz plastisch vor, und sie hörte sie schreien; die 22 über dem Kopf der Eule wurde immer größer, bis sie das Bild ausfüllte. Jane sah auf dem Delaware Eisschollen treiben. Marsha half Jane, Erfolgsbilder zu gestalten.

Sie gingen zu den anderen zurück, und Marsha sammelte die Blätter, auf der die Geschichte stand, wieder ein. Nach einigen Stunden fragte sie: »In welchem Jahr fand die Schlacht statt?« Viele wußten die Antwort und hoben den Finger. »Wie hieß der General?« Diesen Namen kannten alle Kinder. »An welchem Tag war die Schlacht?« Die meisten wußten, daß es an Weihnachten gewesen war. »Wie viele Männer waren in George Washingtons Armee?«

Jetzt hob sich nur eine Hand. Jane B. sah um sich und bemerkte, daß sie die einzige war. Sie ließ ihre Hand sofort sinken.

Hier wollen wir einen Moment unterbrechen und uns wieder mit der Geschichte vom Glauben befassen und der Tatsache, daß man nur Informationen annimmt, die diesen Glauben bekräftigen. Jane glaubte, daß sie dumm sei. Ihre Mutter glaubte es, und ihr Lehrer glaubte es. Die meisten Menschen, die Jane kannten, glaubten, daß sie dumm sei und erwarteten von ihr ein dementsprechendes Verhalten, wie sie selbst auch.

Bekräftigte aber nun die Tatsache, daß sie als einzige von zwanzig Kindern die Antwort wußte, diesen Glauben an ihre Dummheit? Nein, sie widersprach ihm. Und so wies sie die Information zurück und ließ die Hand sinken. Sie konnte nicht glauben, daß sie die einzige war, die die richtige Antwort wußte. Marsha wußte natürlich, daß Jane die Antwort parat hatte, weil die Eule mit der 22 über dem Kopf ein starkes Bild war. Marsha redete Jane gut zu, und so sagte sie schließlich: »2200?«

Marsha nickte und lobte Jane, weil sie die Antwort gewußt hatte. Jane wunderte sich, daß niemand sonst es gewußt hatte. Vielleicht waren die anderen ein bißchen dumm? Marsha stellte noch ein paar andere Fragen, und viele Kinder wußten die Antwort; Jane auch. Dann fragte sie: »Wie hieß das feindliche Heer?«

Wieder hob nur eine den Finger. Jane wußte es genau. »Die Hessen«, sagte sie klar und deutlich. Janes Überzeugung begann sich zu ändern. Sie mußte sich ändern. An dem alten Glauben festzuhalten, daß sie dumm sei, hätte ja bedeutet, eine ganz klare Information zurückzuweisen. Marsha sorgte dafür, daß diese Information deutlich wurde, so daß Jane sie entweder zurückweisen mußte − eine Neigung dazu hatte sie −, was Marsha aber verhindern würde; oder aber sie mußte die alte Überzeugung aufgeben und an ihre Stelle die neue setzen. Der neue Glaube war, daß sie, Jane B., nicht dumm war. Sie war in Wirklichkeit sogar hochintelligent, hatte die Informationen im Kopf, aber falsch gespeichert und zu wenige Empfänger verwendet.

Als man es ihrer Mutter erzählte, war sie sofort bereit ihre Meinung über die Intelligenz ihres Kindes zu ändern. (Als sie Jane noch für dumm hielt, hatte sie ihre Tochter im Geiste manchmal als ungepflegte erwachsene Frau gesehen, die einen Berg schmutziges Geschirr abwäscht und der ständig ein Kind mit nassen Windeln am Schürzenzipfel hängt. Mit dem neuen Glauben, daß Jane intelligent und aufgeweckt sei, veränderten sich auch ihre geistigen Bilder. Sie sah Jane jetzt als Studentin, als beruflich erfolgreiche Frau, als Mutter intelligenter Kinder.)

Das Ganze hat sich vor neun Jahren zugetragen. Janes Mutter ruft uns gelegentlich an und berichtet von den Fortschritten ihrer Tochter. Für uns ist es keine Überraschung, daß Jane schon lange eine der besten Studentinnen ist und das nicht mit dem Ereignis in Verbindung bringt, das den Grundstein dazu legte.

Und nun zu *Regel Nr. 2:* Etwas glauben heißt, einen Gedanken geistig als wahr zu akzeptieren. Da geistige Bilder verändert werden können, kann man auch eine Überzeugung verstärken oder verändern.

Sie können jede Überzeugung ablehnen, die Ihnen schadet, Probleme verursacht oder Sie in irgendeiner Weise einschränkt. Sobald Sie eine Überzeugung als falsch erkannt haben, sollten Sie über ihr Gegenteil nachdenken. Vielleicht haben Sie Ihr Übergewicht nicht, weil Sie zuviel essen; vielleicht essen Sie zuviel, weil Sie glauben, übergewichtig zu sein. Visualisieren Sie das Gegenteil. Sehen Sie sich selbst mit Ihrem Wunschgewicht und glauben Sie, daß Sie dieses Gewicht erreichen können. Dazu gehen Sie auf Alpha-Niveau und visualisieren sich als aktiven, vitalen Menschen mit dem Gewicht, das Sie haben möchten. Mit dieser Methode können Sie sich von jeder Überzeugung befreien, die für Sie von Nachteil ist.

Und jetzt zur dritten Kraft, der Erwartung.

Die Erwartung ist in der Tat eine große Kraft. Das kann so weit gehen, daß ein Arzt seinem Patienten eine völlig wirkungslose Arznei verschreibt und ihm sagt, es sei ein sehr starkes Medikament und der Patient darauf anspricht wie auf ein reales Medikament. Dieses vielfach belegte Phänomen nennt man Placebo-Effekt. Man könnte auch ›Erwartungs-Effekt‹ sagen.

Natürlich funktioniert dieser Placebo-Effekt nicht immer. Wenn es so wäre, würde kein Mensch Medikamente einnehmen. Man würde einfach Placebos verwenden. Trotzdem haben Placebos eine signifikante Erfolgsquote.

Die Erwartung spielt also im Leben eine große Rolle. Wie können Sie sich nun diese Kraft in Ihrem Leben zunutze machen? Können Sie einfach erwarten, daß Ihnen Gutes widerfährt?

Wenn eine von Ihnen respektierte Autoritätsperson etwas zu Ihnen sagt, z. B. ein Arzt, ein Lehrer, die Eltern oder der Chef, dann haben diese Worte auf allen drei Ebenen eine Wirkung, auf der körperlichen, der geistigen und der spirituellen. Wenn Sie dieser Autoritätsperson ohne Zögern und Vorbehalt glauben, dann wird das, was dieser Mensch von Ihnen erwartet, mit einiger Wahrscheinlichkeit eintreten. Was nun Ihre eigenen Erwartungen an Sie selbst betrifft, können Sie zwar sagen: »Ich erwarte, daß dies oder jenes eintritt«, aber dann wird eine leise innere Stimme antworten: »Mach keine Witze!« Der Trick dabei ist, sich selbst zu seiner eigenen Autoritätsperson zu machen.

Um Erwartungen mit Hilfe der mentalen Dynamik zu intensivieren, geht man auf Alpha-Niveau und stellt sich bildhaft-plastisch vor, daß das gewünschte Ereignis bereits eingetreten ist. Diese Methode hat einen zweifachen Effekt: Sie machen sich damit zu Ihrer eigenen Autoritätsperson, und Ihre positive Erfahrung wird dadurch verstärkt. Je mehr Erfolg Sie durch die Silva-Methode haben, um so mehr werden Sie an sich glauben, und es wird Ihnen immer besser gelingen, den im Geiste bereits vorweggenommenen positiven Ausgang einer Sache auch Wirklichkeit werden zu lassen.

Und damit sind wir schon bei *Regel Nr. 3:* Sie bauen eine positive Erwartung auf, indem Sie auf Alpha-Niveau gehen und das betreffende Ereignis visualisieren, als ob es bereits eingetreten wäre. Wenden Sie dann die Technik der Erfolgsbilder an, um dieses geistige Bild zu intensivieren. Machen Sie das Bild leuchtend und dreidimensional; holen Sie die eine oder andere Stelle wie mit der Kamera näher heran, machen Sie sie farbiger, setzen Sie auch andere Sinne wie zum Beispiel das Gehör ein, und versuchen Sie, das Ganze gefühlsmäßig mitzuerleben. Wenn Sie dann wieder auf der normalen Bewußtseinsebene sind, setzen Sie einen bestimmten Termin fest, an dem das gewünschte Ereignis eintreten soll. Sie werden feststellen, daß die erwarteten Ereignisse mit der Zeit immer häufiger eintreten.

Rufen Sie sich zur Unterstützung noch einmal den Grundsatz der Entsprechung ins Gedächtnis, wenn Sie Ihre Erwartungen positiv verändern wollen: Wie oben, so unten; wie unten, so oben. Wie beim Samen, so ist es auch beim Baum. Beginnen Sie beim Kleinen, wenn Sie das Große beeinflussen wollen. Ändern Sie Ihre Erwartungen an einen Freund, die Eltern, an ein Kind oder den Ehepartner, wenn Sie möchten, daß der Betreffende sich verändert. Sie werden sehen, daß sich Veränderungen zeigen, wenn Sie anfangen, das von Ihnen Gewünschte zu erwarten.

Richten Sie Ihre Erwartungen zuerst auf kleinere Dinge; sobald diese sich realisieren, wird es Ihnen wie durch ein Wunder auch bei größeren gelingen. Erwartungen an andere Menschen sind etwas, das man mit den Betreffenden besprechen kann und soll. Erwartungen sind etwas, das bei allen Menschen und auf allen Ebenen funktioniert − auf der familiären Ebene, auf örtlicher wie auch regionaler Ebene, auf nationaler, internationaler und universaler Ebene. Das ist das Wesen der Gesetzmäßigkeit. Was im kleinen funktioniert, funktioniert auch im großen. Was bei einem Molekül funktioniert, funktioniert auch im Universum. Ändern Sie Ihre Erwartungen, und Ihre Welt, Ihre Wirklichkeit wird sich in dem Maß verändern, wie Sie es wünschen. Und so werden Sie schließlich das erreichen, was Sie erreichen möchten.

15

Die Macht der Worte

Vor einigen Jahrzehnten lebte in der Sowjetunion ein übersinnlich begabter Mann, dessen außergewöhnliche und geheimnisvolle Kunststücke denen der größten Magiere um nichts nachstanden. Es hieß, daß Wolf Messing im Gegensatz zu ihnen ohne Tricks arbeitete. Wie man sich erzählt, wollte auch der sowjetische Führer Josef Stalin diesen Mann kennenlernen. Er ließ Messing durch seinen Sicherheitschef sagen, daß er innerhalb von drei Tagen in Stalins Büro im Kreml kommen solle. Er wies seinen Sicherheitschef auch an, Messing keinen Passierschein auszustellen. Wenn der Mann über so außergewöhnliche Fähigkeiten verfüge, wie er behauptete, dann sollte es ihm auch gelingen, ohne eine schriftliche Erlaubnis in sein Büro zu kommen — obwohl es das am schwersten bewachte der Welt war.

Zwei Tage später blickte Stalin von seinem Schreibtisch auf und sah einen Mann vor sich stehen. Das war nicht nur eine Übertretung der Sicherheitsvorschriften, sondern nach Stalins Meinung schlicht unmöglich. Er drückte auf versteckte Knöpfe, die lauten Alarm auslösten. Bald war das ganze Stockwerk in Aufruhr. Wachposten kamen in das Büro gerannt und umstellten den Fremden. Als man den Mann befragte, gab er sich als Wolf Messing zu erkennen, der damit Stalins Aufforderung, bei ihm zu erscheinen, nachgekommen war.

Auf die Frage, wie ihm das gelungen sei, sagte er, daß er sich unsichtbar gemacht habe, indem er die Worte sprach:

»Berija, Berija, ich bin Berija« und sie so lange wiederholte, bis er es selbst glaubte. Die Wachposten bestätigten, daß sie nur den Leiter des sowjetischen Geheimdienstes, ihren Sicherheitschef, Lawrentij Berija, durchgelassen hatten.

Wolf Messings Meisterstück ist eine bemerkenswerte Demonstration für die Macht der Worte. Beispiele dafür gibt es viele; das geht vom Schrei verschiedener Kampfsportarten bis zum ›Fore!‹ bei den Golfspielern. Obwohl solche ›Machtworte‹ recht häufig und offensichtlich sehr nützlich sind, kommen die wenigsten Menschen auf die Idee, sie sich auch im Alltagsleben zunutze zu machen. Wir wollen uns in diesem Kapitel ausführlich mit ihrem Gebrauch und den vielfältigen Anwendungsmöglichkeiten beschäftigen, damit Sie dann über ein wertvolles geistiges Instrument mehr verfügen können.

Unsere Silva-Forschungsgruppe an der Hallahan High School in Philadelphia, Pennsylvania, brachte ein gutes Beispiel für die dynamische Kraft solcher Worte.* Ein junges Mädchen fürchtete sich vor ein paar Rowdies, nachdem sie ihr gegenüber mehrmals ausfallend geworden waren. Die Silva-Ausbilder arbeiteten mit den Studenten unser teilweise abgeändertes Programm durch; die Auswertung wurde anschließend von anderen Silva-Mitarbeitern gemacht. Es zeigte sich, daß die Studenten in unterschiedlicher Weise von diesem Programm profitiert hatten, je nachdem, in welchem Bereich sie Probleme hatten.

Das vorher erwähnte Mädchen interessierte sich besonders für das Konzept der Machtworte. Sie wollte sich vor allem vor körperlichen und verbalen Angriffen schützen, und meinte, daß ihr das mit geeigneten Machtworten am besten gelingen würde. Sie erzählte uns später, daß sie einen Tag, nachdem die Silva-Ausbilder abgereist waren, im

---

* De Sau, George: ›Hallahan High Pre- and Post-Testing‹ (Laredo, Tex., Silva Mind Control International Inc., 1973).

Schulhof wieder an der Gruppe von Jungen vorbeiging, vor denen sie sich fürchtete. Statt wie früher spöttische Bemerkungen oder höhnisches Grinsen zu erwarten, oder daß jemand ihr ein Bein stellte, sie anrempelte oder ihr in noch schlimmerer Weise zu nahe trat, konzentrierte sie sich jetzt auf das Machtwort *Vorsicht.*

Sie wiederholte das Wort *Vorsicht* im Geiste immer wieder, wie sie es gelernt hatte. Sie legte als auslösendes Signal die Fingerspitzen aneinander und stellte sich vor, wie das Wort *Vorsicht* in ihrem Geist immer lauter wurde, bis es ihr Bewußtsein ganz erfüllte. Sie näherte sich der Gruppe von Jungen mit hoch erhobenem Kopf und konzentrierte sich auf das Wort *Vorsicht.* Sie ging ganz ruhig an ihnen vorbei, und zum ersten Mal sagte oder tat keiner der Jungen etwas, was sie auch nur im geringsten beleidigte. Sie verhielten sich so, als ob sie gar nicht da wäre.

Gründe für die Wirksamkeit solcher Machtworte gibt es viele. Da ist zum einen die Erwartung, daß alles gutgehen wird. Zum anderen wird die negative Erwartung der Furcht beseitigt, so daß man sich geistig entspannt und nicht unter Streß steht. Hinzu kommt nicht zuletzt noch die Zuversicht, die das Wort dem Betreffenden verleiht. Und nun zur praktischen Anwendung der Machtworte.

Beginnen Sie mit einem einfachen Wort, mit einem, das Sie die Wirksamkeit solcher Worte konkret erfahren läßt. Beginnen Sie mit dem Wort *Kraft.* Sie können als auslösendes Signal auch die Drei-Finger-Technik — dabei legen Sie die Spitzen der ersten drei Finger beider Hände aneinander — anwenden, um die Wirksamkeit zu erhöhen.

Denken Sie dreißig Sekunden lang das Wort *Kraft,* wiederholen Sie es alle zwei bis drei Sekunden. Beginnen Sie mit einem kleinen, weiß eingerahmten Bild, das Sie allmählich vergrößern. Lassen Sie das Wort nach und nach größer werden, bis Sie es in riesigen Buchstaben an einer Bergwand sehen. Gleichzeitig hören Sie, wie das Wort gesprochen wird, wie es immer lauter wird. Rufen Sie im Geiste das Wort *Kraft* aus und spüren Sie, wie Sie dadurch stärker werden. Gehen Sie ein paar Schritte, und Sie werden feststellen, daß Sie aufrechter gehen und zuversichtlicher ausschreiten. Sie werden vielleicht sogar spüren, wie eine neue Kraft durch Ihren Körper strömt.

Nun kennen Sie das Konzept der Machtworte, und wie man sie anwendet.

Bei den Silva-Seminaren zur mentalen Dynamik demonstrieren wir die Wirkung der Machtworte folgendermaßen: Jeder der Teilnehmer bekommt ein Wort, das er im Geiste wiederholen soll. Der einen Hälfte flüstert der Ausbilder ins Ohr, das Wort *stark* zu denken; die andere Hälfte bekommt das Wort *schwach*. Alle werden angewiesen, den rechten Arm gerade auszustrecken. Der Ausbilder geht dann zu jedem einzelnen und versucht jeweils, dessen Arm herunterzudrücken.

Es kommt daraufhin bei den Seminarteilnehmern oft zu erstaunten und belustigten Äußerungen, denn sie merken, daß etwas Ungewöhnliches vor sich geht. Bei allen, die das Wort *stark* wiederholen sollten, ist der Arm nach wie vor ausgestreckt; der Ausbilder konnte ihn nicht herunterdrükken. Bei den restlichen Teilnehmern hängt der rechte Arm wieder locker herunter. Die Machtworte haben also die Teilnehmer schwächer werden lassen, die *schwach* dachten, und denjenigen mehr Kraft verliehen, die *stark* dachten.

Ein kräftiger, gesunder Mann wird tatsächlich schwach, wenn er aufgrund irgendeines imaginären Problems glaubt, schwach zu sein. Das ist besonders häufig bei Sportlern der Fall, vor allem bei Boxern. Sie versuchen oft, den Gegner zu ›besprechen‹ oder zu schwächen, indem sie sich selbst — im Geiste — Worte der Kraft sagen und dem Gegner solche, die ihn schwächen.

Das gleiche gilt für eine Mannschaft, die im heimischen Stadion gegen einen auswärtigen Gegner antritt, also den sogenannten Heimvorteil hat. Wenn Tausende von Menschen denken, daß ihr Mann, ihre Frau oder ihre Mannschaft gewinnt, dann erzeugen diese Gedanken auch ein Gefühl der Kraft bei den Sportlern. Dieser Heimvorteil wird noch verstärkt, wenn alle Zuschauer gemeinsam ein Wort rufen, zum Beispiel den Namen eines besonders beliebten Sportlers.

Sie können mit den Machtworten Ihr Handeln unmittelbar beeinflussen. Ob es nun darum geht, mutig statt feige, motiviert statt zögernd, lethargisch statt aktiv zu sein – es gibt für jeden Fall ein passendes Wort. Nehmen wir an, Sie möchten etwas tun, das Sie ständig aufgeschoben haben. Stellen Sie sich im Geiste vor, wie Sie diese Angelegenheit erledigen. Als Unterstützung können Sie dieses geistige Bild immer leuchtender und schärfer machen und es vergrößern. Wenn das geistige Bild deutlich ist, wiederholen Sie das entsprechende Machtwort, in diesem Fall ›energisch sein‹. Wiederholen Sie das Wort immer wieder, und halten Sie dabei das geistige Bild fest. Sie werden sehen, daß sich in Ihnen soviel Energie aufbaut, daß Sie die betreffende Sache auch wirklich durchführen.

Es gibt viele Worte, die Sie als Machtworte verwenden können. *Kraft, Gesundheit, Vorsicht, schön, stark, kräftig, mutig, unerschrocken, dünn, entspannt, erfolgreich, effektiv, anziehend, ablehnend, kreativ* – um nur ein paar zu nennen. Sicher fallen Ihnen noch viel mehr ein, die für Sie von Nutzen sein könnten.

Wenn Sie erkennen, daß Sie die Dinge in der Hand haben und mit Hilfe der Machtworte viel bewirken können, dann werden Sie sich allmählich verändern: statt schwach zu sein, werden Sie stark; statt ängstlich, werden Sie mutig; statt dick, dünn; statt immer nur alles aufzuschieben, führen Sie die Angelegenheiten zu Ende; statt zu versagen, werden Sie Erfolg haben, wenn Sie Ihre geistigen Kräfte daraufhin ausrichten.

16

Gewichtskontrolle

Gehen Sie doch einmal in einen Buchladen: Sie werden in der Ecke mit den Diätbüchern so ziemlich alles finden, was Sie sich vorstellen können. Sie möchten eine Diät, bei der Sie viel Fleisch essen dürfen? Hier haben Sie ein Buch dazu. Sie machen sich nichts aus Fleisch und bevorzugen deshalb eine vegetarische Diät? Nehmen Sie dieses Buch. Sie trinken gern Alkohol? Hier ist die passende Diät für Sie. Wasser trinken Sie nicht so gern? Hier die Diät mit reduzierter Flüssigkeitsaufnahme. Sie trinken gern Wasser? Dann ist die Wasserdiät das richtige für Sie. Es gibt eine Obstdiät, eine Saftdiät, eine Käsediät, eine Eierdiät, eine Reisdiät, eine Brotdiät, eine Diät mit hoher Proteinzufuhr, eine Diät mit niedriger Proteinzufuhr, eine Diät mit wenig Cholesterin, eine Diät mit viel Cholesterin, eine Diät ohne Fett und eine mit Fett, eine Diät mit wenig Salz und eine mit viel Salz, eine Joghurtdiät, eine Diät mit wenig Ballaststoffen und eine mit vielen.

Die meisten Diätbücher sind von Medizinern und Ernährungsfachleuten geschrieben, und sie widersprechen einander fast immer.

Wem sollen wir glauben? Was sollen wir glauben?

Sehen wir uns nun den Problemkreis Übergewicht näher an. Mit Ausnahme einiger weniger Fälle führt eine übermäßige Nahrungsaufnahme dazu, daß der Körper die Kalorien, die er nicht für kinetische Energie (Bewegungsenergie) verbraucht, als potentielle Energie (Energie zur späteren Verwendung) in Form von Körperfett speichert, was Übergewicht zur Folge hat. Mit anderen Worten, übergewichtige Menschen essen zuviel.

Die Lösung des Problems ist einfach und liegt klar auf der Hand. Es steckt keine Hexerei dahinter, und jeder kennt die Antwort, die man in zwei kurzen Worten ausdrücken kann: *weniger essen.*

Wie einfach. Wie schwer!

Wir wollen herausfinden, wo die Schwierigkeit liegt — denn es sind hier viele heimtückische Kräfte am Werk.

Beschäftigen wir uns zuerst mit der körperlichen Seite. Was auch immer das bekannte Hungergefühl hervorruft, durch das der Magen sein Bedürfnis nach Nahrung ausdrückt, es ist eines der grundlegenden Probleme. Da Analogien und Metaphern oft in abstrakter Form Antworten liefern, die das Verständnis eines Problems erleichtern, wollen wir die Problematik jetzt in dieser Weise angehen.

Es gibt zwei Grundformen von Energie: potentielle und kinetische. Potentielle Energie ist gespeicherte Energie, die bei Bedarf verbraucht wird. Kinetische Energie ist Bewegungsenergie.

Nehmen wir an, Sie haben eine dieser altmodischen Uhren mit einer Hauptfeder. Um sie aufzuziehen, müssen Sie an der richtigen Stelle einen Schlüssel hineinstecken und ihn so lange drehen, bis die Feder wieder fest gespannt ist. Es findet eine Energieübertragung statt. Sie übertragen die Energie Ihrer Finger auf den Schlüssel, auf die Zahnräder und auf die Hauptfeder, wo sie gespeichert wird. Wenn die Feder dann langsam abrollt, wird daraus kinetische Energie, und die Uhr zeigt die Zeit an.

Ist die Feder ganz aufgezogen, kann man den Schlüssel praktisch nicht mehr herumdrehen. Stellen Sie sich vor, was passieren würde, wenn Sie den Schlüssel mit Hilfe einer Zange und unter vollem Einsatz Ihrer Körperkraft weiterdrehen würden.

Ihre Uhr würde schließlich zerspringen, und Sie hätten nur noch einen Berg Schrauben, Drähte und Metallteile, weil die überdrehte Hauptfeder die Energie nicht mehr aufnehmen kann und herausspringt. Genau das war zu Beginn unseres Jahrhunderts der Hauptgrund dafür, daß die Uhren kaputt gingen; bald baute man jedoch winzige Hebel ein, die den Druck von den Zahnrädern nahmen und ein Überdrehen unmöglich machten. Und wie läßt sich nun diese Metapher auf den Menschen übertragen?

Nahrung ist potentielle Energie. Wir verbrauchen diese Energie (wandeln sie in kinetische Energie um), wenn wir gehen, sprechen, denken, essen. Man verbraucht sogar etwas, wenn man auf dem Bett liegt und an die Decke starrt.

Zur Erzeugung einer ausreichenden Energiemenge ist viel weniger Nahrung nötig, als man denkt. Den meisten Menschen ist vom Verstand her klar, daß ein Stück Obst als gesundes, leichtes Mittagessen zwischen einem guten Frühstück und einem gehaltvollen Abendessen ausreichen würde. Warum nehmen sie ein Mittagessen zu sich, von dem manch anderer zwei Tage leben könnte?

Hier nur einige der Gründe dafür, daß manche Menschen zuviel essen: *aus Schuldgefühlen, aus Geselligkeit, als Ersatzbefriedigung, um absichtlich ihre Körperform zu verändern, aus dem Bedürfnis nach Liebe.*

Schuldgefühle: Es gibt Menschen, die es als Sünde ansehen würden, wenn sie auch nur ein Krümelchen auf dem Teller ließen, wo doch so viele Menschen auf der Welt hungern. Sie essen viel mehr, als sie brauchen, um satt zu werden. Wieder andere meinen, daß die gehaltvolleren (und dick machenden) Nahrungsmittel teuer sind und sie Geld aus dem Fenster werfen, wenn sie nicht alles aufessen.

Aus Geselligkeit: »Darüber können wir doch bei Kaffee und Kuchen reden.« »Das besprechen wir bei einem schönen Mittagessen.« »Gehen wir heute abend doch essen.« »Das läßt sich bei einem Drink besser besprechen.« Und so weiter und so fort. Es ist manchmal fast wie eine Offenbarung, wenn die Leute merken, daß sie sich auch treffen können, ohne dabei etwas zu sich zu nehmen.

Als Ersatzbefriedigung: Oft ist Essen nur ein Ersatz für etwas, das man möchte und nicht haben kann. Schlemmen ist ein Laster, das man akzeptieren kann und außerdem das am leichtesten zu befriedigende; so wird durch das Essen ein Bedürfnis einfach auf ein anderes übertragen.

Aus Absicht: In einem unserer Kurse stand kürzlich eine stark übergewichtige Frau auf und fragte, warum sie nicht aufhören könne, zuviel zu essen, warum sie ständig zusätzliche Portionen nähme und manchmal vier komplette Mahlzeiten am Tag äße. Sie sagte mit stockender Stimme und Tränen in den Augen: »Alle sagen, ich soll nicht so viel essen. Aber keiner sagt mir, wie ich das machen soll. Wie kann ich damit aufhören?«

Der Kursleiter blickte diese traurige Frau an und fühlte, daß sie einen anderen Vorschlag erwartete als den, eine Diät zu machen; also fragte er sie rundheraus: »Liebt Ihr Mann Sie noch?« Das schien mit ihrer Frage überhaupt nichts zu tun zu haben, und darum sah sie ihn irritiert an.

Sie schüttelte den Kopf und sagte seufzend: »Ich weiß es nicht.« Im Grunde haßte sie sich, und ihr Spiegelbild war ihr zuwider. Wenn sie sich selbst haßte, wie konnte das dann bei ihrem Mann anders sein? Mit einer solchen Überzeugung ist es sehr schwer zu glauben, daß man geliebt wird.

Sie war davon überzeugt, daß ihr Mann sie nicht liebte, weil sie so dick war. »Nun ja«, war ihr unbewußter Gedanke, »das ist ganz in Ordnung. Mir gefällt es auch nicht, wie ich aussehe; warum sollte es meinem Mann gefallen?« So konnte sie die Sache bewältigen.

Wenn sie aber abnahm, gut aussah, sich selbst wieder gefiel, aber ihr Mann sie trotzdem nicht liebte, dann war davon *sie selbst* betroffen, nicht ihr Aussehen. Und das konnte sie nicht verkraften.

Sie konnte so viele Diäten machen wie sie wollte, ihr Unterbewußtsein würde ihr auf keinen Fall erlauben, abzunehmen und gut auszusehen. Gut auszusehen war für ihr Unterbewußtsein eine Bedrohung, die unter allen Umständen und um jeden Preis vermieden werden mußte.

Aus dem Bedürfnis nach Liebe: Wer von uns hat nicht als Kind Sätze gehört wie: »Iß alles schön auf, mein Liebling« oder »Wenn dich Mammi gernhaben soll, mußt du die Erbsen essen.« Oder Spinat, Kürbis oder was auch immer.

Wenn ein Kind so etwas häufig hört, setzt es Essen mit Liebe gleich. Als Erwachsener, der Liebe braucht, ißt es dann, weil Essen gleich Liebe ist. Wenn man keine Liebe bekommt, sucht man sich etwas zum Essen und ißt alles schön auf; dann mag Mammi einen doch am liebsten, nicht wahr?

Außerdem spürt man ein Gefühl der Leere, wenn man zuwenig Liebe bekommt. Viele Menschen, die sich eigentlich nach mehr Liebe sehnen, füllen diese Leere mit Essen.

Wenn es so viele Gründe dafür gibt, zu essen und zuviel zu essen, ist es eigentlich ein Wunder, daß nicht jeder zu dick ist. Warum? Wie bei anderen Dingen auch, ist dabei die Einstellung entscheidend. Essen bedeutet eben nicht für alle Menschen das gleiche.

Was ist Essen für Sie: eine Möglichkeit zum geselligen Beisammensein, eine Ersatzbefriedigung, ein Mittel, um Ihre Selbstachtung aufrechtzuerhalten, oder ist es für Sie gleichbedeutend mit Liebe? Oder ist Nahrung für Sie einfach eine Energiequelle, wie ein Stück Holz im Kamin, Benzin für das Auto oder der Strom für die Lampen? Wenn Sie zu dick sind, dann sehen Sie im Essen mit Sicherheit keine Energiequelle, sondern Sie finden Ihr Problem unter einem der vorangegangenen Punkte beschrieben.

Es gibt viele, die zehn Tage lang fasten und sich dann besser fühlen. Manche fasten vierzig Tage lang. Wir können also davon ausgehen, daß ein normaler, gesunder Körper — vorsichtig geschätzt — fünf Tage lang sehr gut ohne Nahrung auskommen kann. Und trotzdem gibt es Leute, die morgens ausgiebig frühstücken, am Vormittag eine Pause mit Kaffee und Kuchen einlegen und dann mittags sagen: »Ich bin am Verhungern, ich muß unbedingt etwas essen.«

Woher kommt dieser nagende Hunger, wenn man zwischen Frühstück und Mittagessen gar nicht ›verhungern‹ kann?

Die Antwort liegt in der Bedeutung des Wortes selbst. Die Botschaft des leeren Magens wird nur als nagender Hunger interpretiert. An sich ist es aber potentielle Energie, die in kinetische Energie umgewandelt werden will. Dieses Gefühl wurde so lange als Hunger interpretiert, daß es zu einem Gefühl von leerem Magen wurde, obwohl der Körper eigentlich meldet, daß er Energie übrig hat, die man verbrauchen soll. Statt diese Energie aber zum Spielen, im Sport oder für die Arbeit einzusetzen, wird sie zum Essen verwendet. Der Körper hat genug Treibstoff und sendet seine Botschaft aus, damit er verbraucht wird; statt dessen stopft man noch mehr in sich hinein, und die Energie richtet sich nach innen, um die viele Nahrung zu verdauen, die der Körper gar nicht wollte. Nach dem Essen wird aus dem Gefühl der Energie ein Gefühl der Lethargie, weil die kinetische Energie die Reserven an potentieller noch vergrößert.

Lernen Sie, Hungergefühle als Energie zu interpretieren. Und verbrauchen Sie dann diese Energie. Sie werden bald feststellen, daß Sie noch nie mehr Energie hatten, seit Sie ein Teenager waren und seit Sie lernten, die Botschaft der Energie als ein Gefühl des Hungers zu interpretieren.

Am Anfang dieses Kapitels steht, daß Abnehmen keine Hexerei ist, Sie müssen nur weniger essen. Das ist die beste Diät, die es gibt. Eine noch bessere Diät läßt sich in vier Wörtern zusammenfassen: »Weniger Essen, mehr Sport.« Und das ist alles.

Ich möchte Ihnen hier eine ausgezeichnete Methode vorstellen, um weniger zu essen. Sie ist vielleicht etwas problematisch, wenn Sie unter Schuldgefühlen leiden, aber das wird sich bessern, wenn das neue Eßverhalten ›sitzt‹. Bestellen Sie, wenn Sie zum Abendessen ausgehen, genauso viel wie immer, und nehmen Sie sich die üblichen Portionen, wenn Sie abends zu Hause essen, essen Sie aber nur die Hälfte von dem, was Sie auf dem Teller haben. Halbieren Sie die Portionen, bevor Sie mit dem Essen anfangen, und essen Sie nur die Hälfte.

Das ist eine ganz einfache und unkomplizierte Methode, um weniger zu essen.

Essen Sie Obst. Seit mehr als hundert Jahren, eigentlich schon seit im vergangenen Jahrhundert die ersten Bücher über Diäten geschrieben wurden, empfehlen Ernährungsfachleute, eine Mahlzeit am Tag durch Obst zu ersetzen. Wenn Sie eine Orange oder zwei, einen Apfel oder eine Banane essen, verschwindet das Hungergefühl, und Sie haben noch genug Energie, die Sie anderweitig verwenden können. Eine Obstdiät ist nicht empfehlenswert, denn der menschliche Körper braucht mehr Nährstoffe als Obst liefern kann.

Wenn Sie sich daran gewöhnt haben, zum Frühstück, Mittag- oder Abendessen etwas Obst zu essen, werden sich Ihre Eßgewohnheiten verändern. Eine strikt festgelegte Diät ist eigentlich überflüssig. Wir empfehlen solche Diäten nicht, weil sie alle den Nachteil haben, Sie einzuengen. Da aber niemand eingeengt werden will, wird Ihr Unterbewußtsein gegen jede Diät kämpfen.

Besser ist es, die Ernährung umzustellen; das dürfte kein Problem sein. Es ist zum Beispiel viel einfacher, ein bestimmtes Nahrungsmittel wegzulassen, von dem Sie meinen, daß es für Sie problematisch ist − vielleicht Zucker. Lassen Sie einfach den Zucker weg, und Sie sind schon auf dem Weg der Besserung. Sie wissen, welche Dinge viel Zukker enthalten: Kuchen, Kekse, Bonbons, Eis, Nachspeisen usw. Ganz können Sie Zucker nicht vermeiden; er ist in fast allen Fertiggerichten und Brotsorten enthalten. Sie müssen ihn auch nicht ganz weglassen, Sie sollten nur weniger davon zu sich nehmen.

Vielleicht entscheiden Sie sich dafür, Brot aus Ihrer Ernährung zu streichen oder Öl und Butter oder Alkohol. Vielleicht ändern Sie auch Ihre Eßgewohnheiten dahingehend, daß Sie weniger essen und es mehr genießen.

Im 3. Kapitel ›Fünf Regeln zum Glücklichsein‹ haben Sie die erste Regel kennengelernt, die lautet: »Wenn dir etwas gefällt, genieße es«, und daß die beiden Emotionen, die uns von diesem Genießen abhalten können, Angst und Schuldgefühle sind. Beim Essen spielen beide Emotionen eine große Rolle.

An einem unserer Wochenendseminare zur mentalen Dynamik nahm ein Mann teil, der mit beiden Aspekten, mit Angst und Schuldgefühlen, zu kämpfen hatte; sein Problem war ein Stück Apfelkuchen mit einem großen Klacks Vanilleeis darauf. Er war übergewichtig und machte ständig irgendeine Diät, konnte aber nicht von dem Apfelkuchen mit Vanilleeis loskommen. Er schlich sich jeden Tag aus der Wohnung, ging zu einem nahegelegenen Restaurant und schlang diese Nachspeise hinunter. Weil er deshalb Schuldgefühle hatte, sah er sich dabei ständig um, damit ihn kein Bekannter ertappte. Er hatte Angst vor den Folgen und fragte sich noch Stunden später, warum er das getan hatte. Dann kam dieses sehnsüchtige und überwältigende Verlangen wieder, und er suchte nach einer Möglichkeit, um sich aus der Wohnung zu schleichen und wieder einmal ein Stück Apfelkuchen mit Vanilleeis in sich hineinzustopfen.

Nach dem Seminar beschloß er, daß er den Apfelkuchen auch genießen würde. Einer der Schlüssel zur Befriedigung ist die Mäßigung. Wenn man bei den Dingen, die man tut, Maß hält, ist man im allgemeinen mit dem Ergebnis zufrieden. Unser übergewichtiger Freund beschloß also, sich zu mäßigen. Er wollte einen bestimmten Wochentag festlegen, der sein Apfelkuchen-mit-Eis-Tag sein sollte; an diesem Tag wollte er den Kuchen ohne Angst und Schuldgefühle genießen. Einmal in der Woche schien ihm ausreichend. Solange er wußte, daß er am Dienstag seinen Apfelkuchen mit Eis haben konnte, konnte er den Rest der Woche auch ohne diesen Heißhunger überstehen. Er programmierte sich entsprechend auf Alpha-Niveau, und siehe da, es funktionierte.

Am folgenden Dienstag schmeckte ihm sein Apfelkuchen mit Eis besser als je zuvor. Es war für ihn wie ein Wunder. Nach vier Wochen legte er nur noch einmal im Monat einen Apfelkuchen-mit-Eis-Tag ein. Als es ein Vierteljahr später wieder einmal soweit war, hatte er keine Lust auf Apfelkuchen und aß deshalb auch keinen. Bei einem späteren Seminar erzählte er, daß er sich zum ersten Mal, solange er denken konnte, absolut frei und als Herr seiner selbst fühlte.

Übrigens nahm er auch soviel ab, wie es sein Wunsch gewesen war. Er hat sein Gewicht seitdem gehalten − ohne eine Diät. Er aß die gleichen Dinge wie früher, jetzt aber in Maßen. Er begann, lange Spaziergänge zu machen, was das Abnehmen ebenfalls unterstützte.

So nehmen Sie ab:

1. Akzeptieren Sie die Tatsache, daß Sie Übergewicht haben.
2. Spüren Sie den starken Wunsch abzunehmen.
3. Gehen Sie auf Alpha-Niveau und überprüfen Sie, ob einer der in diesem Kapitel erwähnten Gründe auf Sie zutrifft.
4. Lernen Sie, das sich vier oder fünf Stunden nach einer Mahlzeit einstellende Hungergefühl als potentielle Energie zu interpretieren, die in kinetische umgewandelt werden will.
5. Informieren Sie sich, wie viele Kalorien die Lebensmittel haben, die Sie normalerweise essen, und ersetzen Sie kalorienreiche so weit wie möglich durch kalorienarme.
6. Ändern Sie Ihre Eßgewohnheiten.
7. Essen Sie weniger, und treiben Sie mehr Sport.

17

Sich durchsetzen, nicht das Opfer sein

Viele Fachleute aus der Strafverfolgung sind der Meinung, daß es Menschen mit einer ›Opferpersönlichkeit‹ gibt. Sie scheinen gegen sie gerichtete Aggressionen irgendwie anzuziehen. Es ist so, als ob sie irgendeine Botschaft aussenden würden, so wie die Blume eine Botschaft aussendet, um Bienen anzuziehen. Nur sind es in diesem Fall Schwingungen und kein Blütenduft. Wenn diese Schwingungen in den Bereich des Aggressors gelangen, kommt es zu einer Anziehung; Opfer und Aggressor treffen in irgendeiner Weise aufeinander. Es gibt Menschen, die ständig Probleme in diesem Bereich haben: bei ihnen wird nachts eingebrochen, sie werden überfallen und ausgeraubt, grob und beleidigend behandelt, und sie machen ganz allgemein viele negative Erfahrungen. Opfer.

Haben Sie auch eine Opferpersönlichkeit?

Sind Sie schon einmal in ein Restaurant gegangen und zu dem Tisch neben der Schwingtür zur Toilette, an einen Tisch mit einem Zigarrenraucher oder einem schreienden Baby geführt worden? Sie setzen sich und murmeln etwas Ähnliches wie: »Schon wieder…; es ist doch immer dasselbe.« Haben Sie schon einmal in einem Kaufhaus etwas gekauft und es dann in einem zerdrückten Karton überreicht bekommen, den Sie nicht haben wollten? Sie nehmen ihn, schütteln den Kopf und denken: »Ich bekomme doch nie einwandfreie Sachen.«

Wenn Ihnen solche Dinge passieren, dann sind Sie auf dem besten Weg, eine Opferpersönlichkeit zu entwickeln, wenn Sie sie nicht schon haben. Wie aber wird man sie wieder los? Geht das überhaupt?

Ja, es geht. Wir unterbrechen diese Verkettung von Umständen, durch die Sie immer wieder zum Opfer werden, indem wir den Grundsatz der Entsprechung anwenden (wie oben, so unten; wie unten, so oben). Mit anderen Worten, wir arbeiten an der kleineren Sache, um die größere zu beeinflussen. Wer in kleineren Dingen das Opfer ist, ist es im allgemeinen auch in großen. Und derselbe Mensch, der im Restaurant einen Platz akzeptiert, den er nicht haben will, ist der gleiche Typ, in dessen Haus eingebrochen wird. Wenn wir dieser Opferhaltung bei einfachen Dingen ein Ende machen können, dann sind wir schon auf dem besten Weg dazu, es auch bei den schwierigeren zu schaffen.

Wie schafft man es, kein Opfer zu sein? Nehmen wir an, Sie gehen in ein Restaurant und bekommen einen Tisch, der Ihnen nicht gefällt. Sie lassen den Oberkellner rufen und sagen: »Dieser Tisch gefällt mir nicht. Ich möchte einen anderen.« In den meisten Fällen werden Sie dann auch einen anderen bekommen. Sie sind nicht länger ein Opfer.

Sie kaufen etwas im Kaufhaus und bekommen es in einem zerdrückten Karton. Sie sagen: »Ich möchte diesen Karton nicht, er ist beschädigt.« Höchstwahrscheinlich werden Sie einen anderen Karton bekommen.

Aber was, wenn Sie keinen anderen Tisch oder keinen neuen Karton bekommen? Dann sind Sie immer noch kein Opfer. Sie haben sich behauptet. Sie haben etwas getan, statt die Sache passiv hinzunehmen. Sie haben um einen besseren Tisch, einen neuen Karton gebeten, und dadurch *können Sie nun eine Entscheidung treffen.*

Sie haben jetzt die Wahl: Sie können in dem Restaurant bleiben oder gehen, aber das entscheiden Sie, niemand sonst. Auch im Kaufhaus haben Sie die Wahl: Sie können den

Karton nehmen oder nicht, aber die Entscheidung liegt bei Ihnen.

Um sich besser durchzusetzen, könnten Sie zum Beispiel sagen: »Ich möchte mit Ihrem Vorgesetzten sprechen«, und sich an einen in der Rangordnung des Verkaufspersonals Höherstehenden wenden. Dieses ›Ich möchte mit Ihrem Vorgesetzten sprechen‹ ist sehr wirkungsvoll. Sie werden fast immer mit dem unmittelbaren Vorgesetzten des Betreffenden sprechen können und zufriedengestellt werden, wenn Ihr Anliegen berechtigt war.

Wenn Sie den Spieß umdrehen, so daß die Entscheidung bei Ihnen liegt, sind Sie kein Opfer mehr. Wenn Sie also das nächste Mal mit etwas unzufrieden sind, äußern Sie Ihre Beschwerde, und Sie werden sehen, daß Sie kein Opfer mehr sind. Sie haben den ersten Schritt dazu getan, sich durchzusetzen.

Wir werden oft gefragt, was denn der Unterschied ist zwischen ›sich durchsetzen‹ und ›aggressiv sein‹. Nun, wenn man aggressiv ist, schlägt man mit der Faust auf den Tisch und verlangt Genugtuung; das wollen wir nicht. Durchsetzen kann man sich im Gegensatz dazu mit Freundlichkeit und einem Lächeln. Seien Sie höflich und lächeln Sie, wenn Sie eine Forderung stellen. Schmeicheln Sie, wenn Sie das können, aber nicht übertrieben. Halten Sie in allen Dingen Maß.

Wenn Sie sich eine Weile so verhalten haben, werden Sie feststellen, daß es Spaß macht. Das Leben ist ein Spiel, wenn Sie es so betrachten. Spielen Sie mit. Es gibt keinen Grund, ärgerlich oder verstimmt zu sein. Wenn Sie sich klar machen, daß alle auf die gleiche Art handeln — das heißt, von ihrem eigenen Standpunkt aus —, werden Sie beginnen zu begreifen, daß jeder recht hat. Jeder hat recht, weil er glaubt, im Recht zu sein. Aber auch Sie haben recht. Und die Welt beginnt bei Ihrem Standpunkt. Wenn Sie begreifen, daß die anderen, in ihren Augen, auch recht haben, werden

Sie sich immer seltener über jemanden ärgern, vor allem wenn Sie ein starkes Selbstbild haben. Sie agieren viel, reagieren aber immer seltener. Reagierende werden von anderen gelenkt; Agierende lenken sich selbst.

Und das ist einer der hauptsächlichen Unterschiede zwischen einem furchtsamen Opfer und einem Menschen, der sich durchsetzt. Wer sich im Recht weiß, hat das Gefühl, berechtigte Ansprüche zu stellen, und kann sie deshalb durchsetzen. Da Sie wissen, daß auch die anderen meinen, recht zu haben, können Sie sich durchsetzen, ohne sich zu ärgern. Und zu handeln, wenn Sie sich in die Rolle des Opfers gedrängt fühlen, verstärkt Ihre Haltung als Agierender. Passivität, Ärger auf andere und Ausgenutztwerden werden verschwinden.

Machen Sie sich klar, daß Sie eine gute Behandlung verdienen, erheben Sie darauf in höflicher Art Anspruch, und Sie werden sie im Normalfall auch bekommen. Und wenn das einmal nicht der Fall ist, dann wissen Sie, daß Sie sie sich selbst zuteil werden lassen können.

18

Motivation und ständiges Aufschieben

An den Anfang dieses Kapitels wollen wir die Geschichte von James C. stellen.

›Jimmy, der Gentleman‹, wie ihn seine Freunde nannten, war der netteste Mensch, den man sich vorstellen konnte, aber auch ein Weltmeister, wenn es darum ging, etwas auf die lange Bank zu schieben. Jimmy ging erst dann zur Toilette, wenn die Blase zu platzen drohte. Er kam zu spät zur Hochzeit, war erst eine Stunde nach der Geburt seiner Tochter im Krankenhaus und erzählte oft ganz stolz, daß er schon ein dutzendmal in Theatern am Broadway gewesen war, ohne ein einziges Mal die erste Viertelstunde des Stücks mitbekommen zu haben. Jimmy schob etwas auf, solange er eine Möglichkeit dazu fand.

Jimmy war Reporter bei der *New York Post*. Er kam immer zu spät, machte seine Sache aber so gut, daß der verantwortliche Redakteur ein Auge zudrückte. Eines Tages ergab sich eine heiße Geschichte, und Jimmy war wie immer der letzte, der am Ort des Geschehens auftauchte. Er erfuhr das gleiche wie die anderen, außer, daß sich alle Reporter auf der Polizeiwache in der Nähe einfinden sollten, wo sie noch einige zusätzliche Informationen bekommen würden. Das war ihm entgangen, weil er zu spät gekommen war, und so hing er weiter vor dem Haus herum.

Alle anderen waren gegangen, und Jimmy stand da und kaute an dem Bleistift, mit dem er sich seine Notizen machte. Da kam eine Frau aus dem Haus gerannt; sie rief nach der Polizei und schrie, daß in ihrem Bad ein Einbrecher sei. Jimmy wurde neugierig und lief hinauf, um der Sache nachzugehen. Und tatsächlich, im Bad der Frau fand er einen Ganoven, der auf einem Bein herumhüpfte; das andere steckte fest in der Toilettenschüssel. Offensichtlich hatte er sich im Bad versteckt und Drogen wegspülen wollen. Es war ihm wohl nicht schnell genug gegangen, deshalb hatte er mit dem Fuß nachgeholfen; und da steckte er nun fest. Als er Jimmy sah, bot er ihm hundert Dollar an, damit er ihn aus der Klemme befreite.

Jimmy setzte sich auf den Rand der Badewanne, um zu überlegen. Wenn er den Gauner befreite, überlegte er, dann hätte er hundert Dollar mehr. Wenn nicht, dann gäbe es vielleicht eine gute Story. Was tun? Er saß da und überlegte, der andere hüpfte herum, fluchte ganz fürchterlich und versuchte Jimmy dazu zu bringen, ihn aus dieser Zwangslage zu befreien, aber Jimmy rührte sich nicht.

Jemand rief wegen des Geschreis die Polizei an, und so kamen die Polizisten wieder zurück, gefolgt von den Reportern, die sich auf der Wache die zusätzlichen Informationen zum ersten Fall geholt hatten. Als der Mann die Sirenen hörte, wurde er schrecklich nervös, packte das Bein mit beiden Händen und zog heftig daran. Durch den plötzlichen Ruck löste sich die ganze Toilettenschüssel, und der Gauner flog auf den Rücken; der Fuß steckte aber immer noch fest. Als er wie wild mit den Beinen strampelte, brach die Schüssel auseinander und landete ausgerechnet auf Jimmys Kopf, wo sie in hundert kleine Stücke zersplitterte. Jimmy wurde ohnmächtig und wachte erst zwei Tage später in einem Krankenhausbett wieder auf. Sein Kopf war einbandagiert, daß er wie ein Beduine aussah.

Als Jimmy seinem Chef zu erklären versuchte, daß er seinen Artikel nicht hatte abliefern können, weil ihm eine mit Rauschgift vollgestopfte Toilettenschüssel auf den Kopf gefallen war, regte er sich furchtbar auf und feuerte Jimmy. Es war offensichtlich nicht die erste ziemlich unglaubwürdige Entschuldigung, die Jimmy vorbrachte.

Das war der Punkt, an dem Jimmy in ein Seminar zur mentalen Dynamik kam. Er gelobte sich zwei Dinge: Er würde an seiner nächsten Arbeitsstelle so lange bleiben, bis er Anspruch auf Urlaub hatte, und ein Broadway-Musical zum ersten Mal gleich von Anfang an sehen.

Jimmy fand schließlich eine Stelle bei einer kleinen Zeitung in New Jersey, die hauptsächlich Anzeigen veröffentlichte. Jimmy war der einzige Reporter, und er sollte lediglich einmal in der Woche ein paar Klatschgeschichten aus der Stadt liefern. Der Abgabetermin war jeweils am Mittwochnachmittag um 15 Uhr. Kein Problem, bis auf die Tatsache, daß seine Chefin bereits am Dienstagmorgen Schlag 10 Uhr einen vorläufigen Bericht verlangte. Es waren also zwei Termine einzuhalten, und damit gab es auch zwei Möglichkeiten, die Arbeit immer wieder aufzuschieben.

Als der Montag kam, hatte Jimmy seine Geschichte. Er hatte sie im Kopf bereits fertig geschrieben. Leider wollte die Chefin keine im Kopf geschriebene Geschichte. Da sie weder hellseherisch begabt war noch für Jimmys Problem besonderes Verständnis hatte, wollte sie den Bericht schwarz auf weiß sehen, vorzugsweise mit Schreibmaschine geschrieben und ohne orthographische Fehler.

Das war Jimmys siebenter Job in dem Jahr, und er war entschlossen, ihn zu behalten. Er setzte sich also an den Schreibtisch, spannte ein Blatt Papier ein und dachte über die Geschichte nach, die er jetzt zu Papier bringen sollte. Aber nichts geschah. Irgendwie blieb die Geschichte auf dem Weg zwischen Jimmys linkem Ohr und dem rechten Auge stecken.

Er stieß einen tiefen Seufzer aus, schloß die Augen und dachte daran zurück, was er bei dem Seminar über Motivation gehört hatte.

Er sah die Seminarunterlagen noch einmal durch in der Hoffnung, einen Hinweis darauf zu finden, wie er seine eingefleischte Gewohnheit ausmerzen könnte.

Wir wollen die Geschichte hier kurz unterbrechen und uns mit den Konzepten beschäftigen, die Jimmy in seinen Unterlagen nachlas, als er an der Schreibmaschine saß.

Der Grundsatz der Polarität sagt, daß jede Sache zwei gegensätzliche Pole hat, die dem Wesen nach identisch sind und sich nur vom Ausmaß her unterscheiden. Motivation und ständiges Aufschieben sind zwei solche Gegensätze; sie sind im Grunde gleich, beides hat damit zu tun, wie groß der Wunsch ist, etwas zu tun. Sie unterscheiden sich darin, wie stark dieser Wunsch ist.

Wenn wir uns nun wieder den Meterstab mit dem negativen und dem positiven Ende vorstellen, dann würden wir links, am negativen Ende, das Wort *aufschieben* hinschreiben und darunter *schwacher Wunsch*. Ans andere Ende, auf der positiven Seite, schreiben wir *Motivation* und darunter *starker Wunsch*.

Wenn Sie den starken Wunsch haben, etwas Bestimmtes zu tun, dann sind Sie ziemlich weit rechts auf der Seite mit der Motivation. Wird dieser Wunsch schwächer, sind Sie immer weniger motiviert, bis Sie schließlich an dem Ende des Meterstabs sind, wo ›aufschieben‹ steht. Ist der immer schwächer werdende Wunsch am negativen Ende der Skala angelangt, dann verspüren Sie den Wunsch, die betreffende Sache zu tun, nicht mehr, und so wird sie auch nie getan.

Motivation ist ganz einfach ein starker Wunsch. Wenn der Wunsch stark genug ist, werden Sie das Betreffende auch tun. Es gibt jedoch auch Dinge, für die Sie keine Motivation brauchen, weil sie unbewußt sind und sich Ihr Unterbewußtsein darum kümmert. Sie brauchen zum Beispiel keine Motivation zum Atmen. Das erledigt Ihr Körper ganz von selbst. Sie müssen sich nicht zum Schlafen, Trinken oder Essen motivieren. Sie schlafen, wenn Sie müde sind;

essen, wenn Sie hungrig sind, und trinken, wenn Sie Durst haben. Sie atmen automatisch, wann immer Ihr Körper nach Luft verlangt.

Aber einmal angenommen, eines dieser Grundbedürfnisse wird nicht erfüllt: Der Wunsch danach wäre so stark, daß Sie sofort motiviert wären, sich ihn zu erfüllen. Sie würden alles tun, um Luft zu bekommen. Wenn jemand Sie würgt, so daß Sie nicht mehr atmen können, dann ist die Motivation zu atmen so stark, daß Sie diesen Menschen töten würden, damit sich der Würgegriff um Ihren Hals lockert. Nach zwei oder drei Tagen ohne einen Tropfen Wasser wäre der Wunsch nach Wasser so stark und damit Ihre Motivation so groß, daß Sie durch Wände gehen würden, um an Wasser zu kommen.

Für was wollen Sie sich motivieren? Was haben Sie immer aufgeschoben, obwohl Sie es gern zu Ende bringen würden? Gehen Sie auf Alpha-Niveau, und denken Sie darüber nach. Wenn Sie sich im klaren sind, überprüfen Sie, wie Sie gefühlsmäßig zu dieser Sache stehen. Haben Sie den starken Wunsch, die betreffende Sache positiv abzuschließen? Wenn Sie sie immer aufgeschoben haben, dann liegt das daran, daß der Wunsch schwach ist. Die Lösung ist also, den Wunsch zu verstärken. Und wie macht man das?

Nehmen wir an, an dem einen Ende der Skala steht ein schwacher Wunsch, vielleicht der Wunsch nach einem Schluck Wasser. Sie sitzen bequem in einem Sessel, lesen ein Buch, sehen fern oder blättern die Zeitung durch, und Sie möchten einen Schluck Wasser trinken. Sie denken daran, wie gut er täte, aber Sie sind einfach nicht durstig genug, um aufzustehen; so bleiben Sie sitzen und lesen weiter. Das ist ein schwacher Wunsch. Sie sind am negativen Ende der Skala, wo ›aufschieben‹ steht. Sie schieben es daher auf, den Schluck Wasser zu bekommen. Es gibt nur einen Weg, sich zum Aufstehen zu motivieren: den Wunsch geistig zu verstärken.

Um den Wunsch zu verstärken, arbeiten Sie mit einem geistigen Bild. In unserem Beispiel hier würden Sie auf Alpha-Niveau gehen und sich bildhaft-plastisch ein Glas kühles, erfrischendes Wasser vorstellen. Sie würden sehen, wie Sie das Glas an die Lippen setzen, spüren, wie das Wasser durch Ihre Kehle läuft und Ihnen gut tut. Sie würden diese Visualisierung mit der Technik der Erfolgsbilder noch verstärken, und bald wäre der Wunsch stark genug, daß Sie aufstehen und sich das Glas Wasser holen.

In derselben Weise gehen Sie bei allen anderen Dingen vor, für die Sie sich stärker motivieren wollen.

Und nun denken Sie über die Sache nach, für die Sie sich motivieren wollen, und zwar über alle Aspekte. Fragen Sie sich zuerst: »Warum möchte ich das tun?« Und wie sieht das Ergebnis aus, wenn Sie diese Angelegenheit erfolgreich durchführen? Was werden Sie tun, wenn Sie dieses Ziel erreicht haben? Visualisieren Sie, wie es sein wird, wenn Sie es erreicht haben.

Als nächstes sehen Sie vor Ihrem geistigen Auge, wie Sie das tun, was Sie bisher aufgeschoben haben. Visualisieren Sie sich, wie Sie es wirklich tun. Dann treffen Sie drei Entscheidungen. Als erstes beschließen Sie, wann Sie es tun werden; als zweites, wo Sie es tun werden; und als drittes, wie Sie es tun werden. Wie werden Sie es anfangen? Wie werden Sie die Sache in Gang halten, zum Abschluß bringen? Während Sie über das Wann, Wo und Wie nachdenken, visualisieren Sie, wie Sie es in Angriff nehmen.

Da Sie jetzt entschieden haben, wann, wo und wie Sie es anfangen und auch wissen, warum Sie es tun werden, bleibt nur noch eines: den Wunsch durch ein geistiges Bild zu verstärken. Und so wollen wir uns jetzt der Visualisierung oder bildhaften Vorstellung zuwenden als Mittel, Wunsch und Motivation zu verstärken.

Die Visualisierung ist ein entscheidender Teil des Vorgangs, der zu einer Handlung führt. Er beginnt bei den Gedanken, dann wird Energie aufgebaut, und schließlich folgt die Handlung. Die Visualisierung hat die Funktion, die Energie aufzubauen, die schließlich in eine Handlung mündet.

Hat man keine Kontrolle darüber, dann kann sich dieses Trio von Gedanken, Energieaufbau und Handlung als eine krankhafte Zwangsvorstellung manifestieren. Menschen mit solchen ›fixen Ideen‹ konzentrieren sich auf eine Sache, ihre gedanklichen Abläufe schließen alle Einflüsse von außen aus. Sie konzentrieren sich so stark auf das Objekt ihrer Zwangsvorstellung, daß enorm viel Energie aufgebaut und sie so überwältigend wird, daß diese Menschen nicht mehr an die Folgen ihrer Handlungen denken.

Andererseits kann ein *kontrollierter* Energieaufbau durch gedankliche Konzentration in Verbindung mit einem geistigen Bild sehr positiv und motivierend sein. Und das ist unser Ziel: die auf den Energieaufbau folgende Handlung zu steuern, indem wir die Gedanken gezielt einsetzen und mit der Kraft der Visualisierung den Energieaufbau und die darauf folgende Handlung beeinflussen.

Um diesen Energieaufbau anzuregen, gehen Sie auf Alpha-Niveau und konzentrieren sich auf das, was Sie in Angriff nehmen wollen. Sie konzentrieren Ihre Aufmerksamkeit auf das Bild, wie Sie Ihr Ziel erreichen und bauen dadurch die Energie für die entsprechende Handlung auf. Je stärker Sie sich auf das Bild konzentrieren, um so größer wird auch der Wunsch. Wenn Sie sich jeden Tag auf dieses Bild konzentrieren, werden Sie feststellen, daß Ihr Wunsch stärker und stärker wird, bis sehr viel Energie aufgebaut ist und Sie eine unwiderstehlich starke Motivation fühlen, das zu tun, was Sie vorher immer aufgeschoben haben.

Nachdem wir jetzt die Sache mit der Motivation und dem ständigen Aufschieben genau analysiert und Lösungsmöglichkeiten vorgestellt haben, wollen wir wieder zu der Geschichte von Jimmy zurückkehren.

Als Jimmy am Schreibtisch saß und sich zu motivieren versuchte, seinen Bericht aufs Papier zu bringen, gingen ihm all die Dinge durch den Kopf, die er im Silva-Seminar gelernt hatte. Es fielen ihm einige wichtige Punkte ein, die er so, wie sie ihm in den Sinn kamen, hinschrieb.

»Erstens: Ich muß meinen Wunsch danach verstärken, diesen Vorabbericht über die Story zu schreiben. Zweitens: Ich muß die Visualisierung verstärken. Drittens: Ich muß mir bildhaft-plastisch das positive Ergebnis des Berichts vorstellen. Viertens: Ich muß mir genau überlegen, wann ich damit anfange, wo und wie ich ihn schreibe. Fünftens: Ich werde mich auf das geistige Bild konzentrieren, daß ich den Bericht wirklich geschrieben habe, um Energie aufzubauen.

Also, ich werde jetzt meinen Wunsch verstärken, indem ich über die Sache nachdenke.«

Jimmy schloß die Augen und konzentrierte sich auf den Bericht. Er visualisierte, wie er fertig und sauber getippt auf dem Schreibtisch lag. Er sah sich lächelnd und zufrieden.

»Okay, das ist erledigt. Jetzt muß ich die Visualisierung verstärken.«

Als nächstes machte er das Bild leuchtender, dann farbiger. Er saß weiter mit geschlossenen Augen am Schreibtisch und machte das Bild deutlicher und dreidimensional. Dann vergrößerte er es. Er war jetzt ganz auf den Bericht konzentriert. Es war das einzige, woran er jetzt bewußt dachte.

Sein nächster Gedanke war: »Und wie sieht das positive Ergebnis dieses Berichts aus?«

Er sah mit geschlossenen Augen, wie seine Chefin den Bericht las, nickte und zufrieden lächelte. Er stellte sich vor, wie sie ihn für die gute Arbeit lobte. Dann sah er, wie sie ihm später eine Gehaltserhöhung gab und ihn beförderte. Ein Lächeln erschien auf Jimmys Gesicht, als ihm der nächste Gedanke kam.

»Wann fange ich damit an?« dachte er, als vor seinem geistigen Auge das Bild auftauchte, wie er seinen Bericht schrieb. Er notierte sich im Geiste die Zeit, 11.35 Uhr morgens. »Wo? Das ist einfach — hier an meinem Schreibtisch.

Wie fange ich ihn an? Auch das ist einfach. Ich schalte die Schreibmaschine ein und tippe los.«

Jimmy sah sich tippen und verstärkte dieses Bild. Und schließlich überlegte er, mit welchem geistigen Bild er Energie aufbauen könnte, um vom Gedanken zur Tat zu schreiten.

Er stellte sich jetzt vor, am Strand von Nassau auf den Bahamas zu liegen, wo es ihm besonders gut gefiel. Er hatte schon seit einigen Jahren nicht mehr genug Geld gehabt, um dorthin zu fahren. Er seufzte leicht und nickte wie zur Bestätigung mit dem Kopf. »Na klar, deshalb schreibe ich den Bericht. Ich möchte eine Zeitlang in der warmen Sonne liegen, und durch meine Arbeit habe ich das Ticket praktisch schon in der Tasche.«

Schließlich öffnete Jimmy die Augen und sah auf die Uhr. Es war 10.50 Uhr. Jimmy dachte: »Ach, zum Teufel, ich fange jetzt gleich an.« Und er begann wie wild zu tippen. Er hatte noch Zeit genug, aber das war für Jimmy jetzt nicht mehr wichtig. Er wurde von seiner Aktivität weggetragen. Und er würde seinen Vorbericht jetzt fertigmachen. Danach könnte er eigentlich gleich weitermachen und die Geschichte ins reine schreiben. Er hatte schließlich jede Menge Zeit und konnte sie genausogut sinnvoll nutzen.

19

Das sinnliche Verlangen steigern

Menschen sind das Produkt ihrer Wünsche. Was immer man sich stark genug wünscht, wird man auch erlangen. Wird einem die Luft zum Atmen verweigert, wird der Wunsch zu atmen so stark, daß alles andere unwichtig ist. Sie brauchen in diesem Fall niemanden, der Ihnen sagt, wie Sie ein bestimmtes Bild in sich schaffen sollen: Das Bild ist sofort da und bleibt auch präsent, bis Sie wieder atmen können. Niemand braucht eine Anweisung dazu, wie er den Wunsch nach dem Atem verstärken kann.

Im 18. Kapitel haben wir beschrieben, wie man durch Verstärken eines Wunsches seine Motivation verstärken kann. Diese Vorgehensweise ist sehr hilfreich, wenn es darum geht, etwas zu erreichen, Erfolg zu haben, ein Problem loszuwerden und in zahllosen anderen Bereichen des Lebens. Aber was ist mit den anderen Wünschen? Was ist mit dem sinnlichen Verlangen? Was ist mit dem Wunsch, einen schwächer werdenden Sexualtrieb zu stärken, das nachlassende Interesse am Essen wieder anzuregen, das ehrfürchtige Staunen angesichts der Schönheit der Natur wieder wachzurufen, oder die Schönheit eines steifen Stücks grauer Leinwand zu sehen?

Man sagt, daß die wahre Erziehung darin besteht, den Menschen auf andere Art beizubringen, was sie schon wissen, damit sie es besser verstehen. Wenn Sie sich mit dem Konzept der Erfolgsbilder befaßt haben, dann kennen Sie die Antwort bereits. Aber wir wollen noch ein bißchen tiefer gehen. Gleich anschließend wollen wir Ihnen zeigen, wie Sie das sinnliche Verlangen mit Hilfe der Erfolgsbilder steigern können.

Meistens zeigen sich die Probleme mit einem schwachen sinnlichen Verlangen beim Sex. Wenn Sex mit irgendwelchen Ängsten verbunden ist, bedeutet das Streß. Die geistigen Bilder in Ihrem Kopf werden von dieser Angst gefärbt, und Ihre negative Erwartungshaltung wird das Verlangen verringern oder ganz zerstören.

Wenn keiner der Partner Ängste oder Probleme aus früheren Erfahrungen in die gegenwärtige einbringt, sind beide frei von negativen Bildern, fühlen sich entspannt und gut. Sie sind sowohl körperlich als auch geistig besser darauf eingestellt, sich zu vereinigen und eins zu werden. Aus dem entspannten Geisteszustand entsteht das Bild idealer weiblich-männlicher Eigenschaften, und so kommt es zur idealen Vereinigung.

Beide Körper, der männliche und der weibliche, sind dazu geschaffen, auf dieses Bild zu reagieren. Der Mann reagiert auf die chemischen Abläufe in seinem Körper mit Kraft und Vitalität. Diese Vitalität kann teilweise durch negative Bilder neutralisiert werden, wodurch es bestenfalls zu einem verkrampften Liebesakt und schlimmstenfalls zu Impotenz kommt.

Die Frau reagiert auf die chemischen Abläufe im Körper mit entspannter Empfänglichkeit, und die Vagina wird feucht; so bereitet sie sich auf dieses Erlebnis vor. Auch der kleinste Streß, ausgelöst durch eine negative Einstellung, Schuldgefühle oder Angst, hat das Gegenteil zur Folge — es kommt zu Trockenheit und Muskelspannung, was Schwierigkeiten, wenn nicht sogar Schmerzen mit sich bringt.

Streß ist aber nicht die einzige Ursache von sexuellen Problemen. Viele Paare, die sich schon lange kennen, haben nicht so sehr das Problem, daß es nichts Neues mehr gibt und die Vertrautheit zur Langeweile wird, sondern daß die dem Liebesakt vorangehenden Bilder automatisiert, grauer und immer schwächer werden. Das alte geistige Bild ist wie der vertraute Busch, der im Hinterhof blüht. Er sieht hübsch aus und duftet, aber man hat ihn schon so oft gesehen, daß man daran vorbeigeht, ohne von ihm Notiz zu nehmen.

Wenn Sie die Augen schließen und sich vorstellen würden, mit diesem Busch etwas zu tun, was Ihnen nie zuvor in den Sinn gekommen ist, dann würden Sie ihn aus einer ganz anderen Perspektive sehen. Stellen Sie sich zum Beispiel vor, Sie würden den Busch ausgraben und ihn mitten in Ihrem Wohnzimmer einpflanzen. Oder stellen Sie sich vor, daß Sie mit dem Busch im Auto fahren, ihn baden, ihn beschneiden, das Erdreich um ihn herum auflockern und ihn mit Dünger versorgen. Stellen Sie sich vor, wie er größer wird, kleiner wird, seine Farbe verändert. Plötzlich nehmen Sie Ihren schönen blühenden Busch zur Kenntnis. Ihr Interesse an diesem Busch ist wieder erwacht.

Sex und sinnliches Verlangen sind in erster Linie geistige Funktionen, und es hilft sicher, dieses Verlangen zu verstärken, wenn man das Konzept der Erfolgsbilder versteht. Denken Sie an eine besonders schöne sexuelle Erfahrung zurück. Und nun machen Sie das geistige Bild von diesem Erlebnis leuchtender. Machen Sie es größer, und konzentrieren Sie sich auf einen Teil der Szene. Machen Sie sie dreidimensional, und geben Sie ihr mehr Tiefe. Setzen Sie Ihren Tastsinn ein, fühlen Sie mit den Fingern, den Lippen, dem ganzen Körper und der Haut. Rufen Sie sich Geräusche und Laute wieder ins Gedächtnis. Wie fühlte sich Ihr Körper an? Welche Empfindungen hatten Sie? Verstärken Sie diese Gefühle.

Visualisieren Sie jetzt die Szene, als ob sie in einem Theater gespielt würde. Sie sitzen in der Mitte der dritten Reihe und können sich selbst als Darsteller sehen. Gehen Sie auf die Bühne, und sehen Sie sich die Handlung aus größerer Nähe an. Wenn Sie ein Teil der Szene besonders fesselt, lassen Sie die Zeit langsamer verstreichen und sehen das Ganze wie in Zeitlupe. Wenn Sie zu dem Teil der Szene kommen, der Sie am stärksten anzieht, gehen Sie in die Handlung hinein und werden selbst aktiv. Sie werden zur Handlung.

Bei Ihrem nächsten sexuellen Erlebnis gehen Sie in der gleichen Weise vor. Rufen Sie sich etwa zehn Minuten vorher ein ähnliches Erlebnis der letzten Zeit ins Gedächtnis, und machen Sie aus diesem Erlebnis ein Erfolgsbild. Dann gehen Sie wieder zur Gegenwart und erzeugen in sich ein Bild dessen, was Sie gleich erleben werden.

Auf dieselbe Weise gehen Sie vor, wenn Sie Ihren Wunsch nach einer anderen Aktivität verstärken wollen. Sie visualisieren eine ähnliche, erfolgreich verlaufende Erfahrung der letzten Zeit und machen ein Erfolgsbild daraus. Dann wenden Sie sich dem Erlebnis zu, das Sie noch vor sich haben. Denken Sie an all die positiven Aspekte, und verstärken Sie sie. Geben Sie dem Ganzen einen weißen Rahmen, machen Sie die Szene größer, dreidimensional und lebendig. Anschließend gehen Sie zu der konkreten Erfahrung über.

Möchten Sie den Appetit auf eine bestimmte Speise anregen? Denken Sie an das letzte Mal, als Sie sie gegessen haben und etwas besonders Angenehmes damit verbunden war. Visualisieren Sie dieses Wohlgefühl vor dem Essen. Sehen Sie sich jeden einzelnen Bissen davon genießen. Machen Sie dieses Bild so lebhaft und intensiv wie möglich. Genießen Sie es, und Ihr Wunsch wird stärker werden.

Sie wissen jetzt, wie Sie Ihre Wünsche steuern können, und verfügen damit über ein weiteres geistiges Instrument. Und was tun Sie, wenn Sie einen Wunsch weniger stark machen wollen? Auch das kann aus irgendeinem Grund manchmal notwendig sein. Nun, Sie wissen, wie Sie einen Wunsch verstärken; daher wissen Sie dem Grundsatz der

Polarität entsprechend auch, wie Sie ihn schwächer machen können. Sie gehen einfach umgekehrt vor.

Um einen Wunsch schwächer zu machen, geben Sie dem geistigen Bild einen blauen Rahmen. Lassen Sie die Bilder kommen, und visualisieren Sie sie schwarz-weiß, klein und eindimensional. Machen Sie das Bild immer kleiner, bis es fast verschwunden ist. Dann ersetzen Sie es durch ein größeres, weiß eingerahmtes Bild. (Die genaue Beschreibung dieser Methode finden Sie im 5. Kapitel ›Die Erfolgsbilder‹.)

Manchmal hilft es auch, wenn man sich auf ein ganz anderes Bild konzentriert.

Nehmen wir an, Sie haben ein sehr starkes Verlangen nach dem anderen Geschlecht, und Sie möchten es aus irgendeinem Grund abschwächen. Sie haben es mit einem blau eingerahmten Bild versucht, und es hat nicht funktioniert. Probieren Sie doch folgendes aus: Sie lassen das Bild stehen, aber hinter der Szene sehen Sie eine Gruppe von Clowns Purzelbäume schlagen. Einer der Clowns bespritzt die Person in Ihrem Bild mit Wasser. Lassen Sie einen Banjospieler auftreten, ein ganzes Banjo-Orchester. Sehen Sie Mickey Mouse Dudelsack spielen; hören Sie den Dudelsack. In einer Ecke steht ein Karussell; hören Sie die Musik. Welchen Wunsch haben Sie jetzt?

Diese Methode kann sehr hilfreich sein, wenn Sie versuchen, jemanden zu ›vergessen‹, in den Sie verliebt sind. Denken Sie an den Menschen, den Sie immer noch zu sehr mögen. Machen Sie sich ein gutes Bild von diesem Menschen. Sehen Sie, wie er Sie anlächelt. Setzen Sie ihm den Hut und die Nase eines Clowns auf, und malen Sie zwei Vorderzähne schwarz an. Jetzt bringen Sie ihn mit dem Banjospieler, dem Karussell und den anderen Akteuren des Zirkus zusammen. Spüren Sie die Veränderung?

Zu den wunderbaren Dingen, die uns der Schöpfer mitgegeben hat, gehören die Sinne. Wir haben fünf Sinne: Gesicht, Gehör, Geruch, Geschmack, Gefühl. Viele Menschen gehen mit ihnen um wie Anfänger mit einem Computer: Sie werden durch die Werbung darauf aufmerksam, kaufen ihn, und stellen zu ihrer großen Enttäuschung fest, daß es mit viel Arbeit verbunden ist, auch nur die grundlegende Technik der Maschine zu erlernen. Sie verschwindet dann entweder im Schrank, oder der Käufer nutzt nur einen Bruchteil der Möglichkeiten aus. Es gibt aber auch Menschen, die die Computersprache lernen, Zeit und Mühe dafür aufwenden, und die Maschine dadurch auch voll nutzen können.

Ganz ähnlich ist es mit unseren fünf Sinnen. Wir haben sie und nutzen sie im allgemeinen nur unbewußt. Aber hin und wieder gibt es einen Michelangelo, der über die gleichen Sinne verfügt; allerdings sind sie bei ihm so geschärft, daß er die in einem großen Marmorblock verborgene Figur sehen kann. Er braucht nur noch Hammer und Meißel, um die Figur freizulegen. Das ist ein Beispiel für eine außergewöhnliche Nutzung des Gesichtssinns.

Oder man denke an Vincent Van Gogh, der beim Anblick einer Blume etwas sah, was nur er sehen konnte, und der diese Blume in einer so besonderen Weise malte, daß ihr Bild noch hundert Jahre später eine sinnliche Kaskade aller Blumen in uns auslöst, die es je gegeben hat. Oder an Ray Charles, der einem Ton mit seiner Stimme soviel Schönheit verleiht, daß selbst Kritiker von der sinnlichen Perfektion des Klangs hingerissen sind?

Wenn wir von *begabten Menschen* sprechen, dann meinen wir damit im allgemeinen, daß sie einen oder mehrere dieser fünf Sinne in irgendeiner Weise perfektioniert haben. Sind ihre Sinne anders angelegt? Haben sie ein größeres Gehirn? Können sie Informationen besser verarbeiten? Nein. Sie nutzen nur das, was sie haben, besser aus.

Jetzt ist es Zeit für eine kleine Lektion zum Gebrauch der Sinne.

Wir wenden wieder die Methode der Erfolgsbilder an, um den Wunsch zu verstärken, die Dinge deutlicher und schärfer zu sehen. Nehmen Sie ein Blatt weißes Papier und einen Bleistift oder Kugelschreiber zur Hand, und ziehen Sie auf dem Papier einen Kreis von der Größe einer Kaffeetasse. Blicken Sie diesen Kreis einen Moment intensiv an, schließen Sie dann die Augen und heben Sie den Kreis im Geiste hoch, um darunterzuschauen; dabei machen Sie ihn dreidimensional. Der Kreis wird vielleicht zu einem Schirm, und darunter ist ein Mensch, der ihn über sich hält; oder er wird zu einem Autoreifen, einem AWACS-Jet, zum Dach des Astrodoms, der großen Sporthalle in Houston oder ... was noch alles?

Als nächstes sehen Sie sich im Zimmer um. Was sehen Sie? Ein Sofa, ein Buch, ein Bild? Nehmen wir an, Sie sehen ein Bild.

Sehen Sie das Bild an, schließen Sie dann die Augen und visualisieren Sie, was Sie gesehen haben. Wenn Sie es nicht genau genug betrachtet haben, öffnen Sie die Augen noch einmal. Gehen Sie dann auf Alpha-Niveau. Jetzt stellen Sie sich vor, daß Sie mitten in dem Bild sind und um sich blicken. Was sehen Sie? Was fühlen Sie?

Schaffen Sie einen anderen Hintergrund. Lassen Sie Ihre Phantasie frei spielen. Gestalten Sie das Bild so, wie Sie wollen. Es werden sich plötzlich ganz neue Perspektiven ergeben. Verändern Sie die Farben, die Szenerie, die Vegetation, das Wetter, die Geräusche. Nutzen Sie Ihr wunderbares Vorstellungsvermögen. Nach einigen Minuten gehen Sie auf die normale Bewußtseinsstufe zurück und betrachten das Bild wieder. Sehen Sie sich all die Dinge an, die Ihnen beim ersten Mal entgangen sind. Sie werden das Bild aller Wahrscheinlichkeit nach nie wieder so wie früher sehen.

Gehen wir nun zum Gehör. Kaufen Sie eine gute Kassette oder eine Platte von einer Symphonie oder einem Konzert, das von einem genialen Komponisten geschrieben wurde und von einem ausgezeichneten Orchester unter der Leitung eines begnadeten Dirigenten gespielt wird. Spielen

Sie die Kassette ab, wie Sie es normalerweise tun. Vielleicht gefällt Ihnen die Musik, vielleicht auch nicht. Hören Sie sich die Kassette oder Platte an, auch wenn Sie sich nicht viel aus klassischer Musik machen.

Sie werden jetzt ein ganz neues Gehör entwickeln, weil Sie auf Dinge achten, die Sie vorher nie gehört haben.

Spielen Sie die Kassette noch einmal ab. Gehen Sie auf Alpha-Niveau, sobald die Musik einsetzt, und hören Sie zu. Hören Sie die verschiedenen Klangfarben, die intensiven Töne der Geigen, das Schmettern der Hörner, die Wärme der Bässe, die plätschernden Kaskaden des Klaviers, das Dröhnen der Trommeln. Folgen Sie den verschiedenen Musikebenen: die dunklen Baßinstrumente, die in der Mitte liegenden Klänge und die höchsten Stimmen des Orchesters. Achten Sie darauf, wie der Komponist eine Melodie einführt, sie entwickelt, abschließt und später wieder neu variiert. Nun fühlen Sie, wie Sie mit der Musik eins werden. Stellen Sie sich vor, daß Sie die Musik sind, mit der Melodie auf- und abgehen. Spüren Sie, wie jede Zelle Ihres Körpers auf die Schwingungen der Töne anspricht. Was sagt Ihnen die Musik? Lassen Sie sich durch die Musik in eine andere Zeit, an einen anderen Ort versetzen. Stellen Sie sich vor, daß Sie an einem Ort sind, wo die Stimme des Orchesters Sie hingeführt hat. Intensivieren Sie die Szene. Bringen Sie Farbe hinein, den Wind, das Meer und Berge; lassen Sie Ihrer Phantasie freien Lauf.

Wenn Sie wieder auf der normalen Bewußtseinsebene sind, werden Sie feststellen, daß Sie mehr hören als jeder andere. Im besten Fall haben Sie sogar das gehört, was der Komponist mit seiner Musik ausdrücken wollte.

Um den Tastsinn zu verbessern, sehen Sie sich zuerst genau einen Baum im Hof, auf der Straße oder in einem nahegelegenen Park an. Dann legen Sie die ersten drei Finger beider Hände aneinander, atmen tief ein und sagen im Geiste, während Sie langsam ausatmen, das Wort *entspannen*.

Sehen Sie sich den Baum wieder an. Stellen Sie sich vor, wie Sie die Hand ausstrecken und den Stamm spüren. Gehen Sie vor Ihrem geistigen Auge mit der Hand nach oben, spüren Sie jeden Zweig, jedes Blatt. Gehen Sie zu den Wurzeln und fühlen Sie, wie tief sie in die Erde reichen. Tun Sie es liebevoll, so daß der Baum Positives und Angenehmes spürt. Nun gehen Sie mit Ihrer Hand in den Baum hinein. Sie spüren den Saft und das Leben, das den Baum durchströmt. Lassen Sie die Stimme des Baums auf sich wirken, hören Sie wie er singt, wenn ihn ein zarter Windhauch liebkost. Sie werden diesen Baum nie mehr so sehen, wie Sie ihn früher gesehen haben.

Sehen Sie sich um. Strecken Sie im Geiste die Hand aus, und berühren Sie die Zimmerdecke. Spüren Sie die kleinen Unregelmäßigkeiten. Jetzt der Teppich. Die Wand. Ein Buch. Alles, was im Zimmer ist. Sie spüren den Unterschied, nicht wahr? Und trotzdem ist es nur Ihr Geist, der alles berührt.

Vielleicht verstehen Sie jetzt Michelangelos Antwort auf die Frage nach seiner bildhauerischen Begabung besser. »Es hat nichts Besonderes auf sich«, sagte er. »Ich sehe die Figur in dem Marmorblock und schlage alles Überflüssige weg.«

Sobald Sie mit den hier vorgestellten Methoden vertrauter werden, werden Sie feststellen, daß Sie Ihre Wünsche besser unter Kontrolle haben. Üben Sie, und Sie werden bald in der Lage sein, jeden Wunsch Ihrer Sinne, den Sie gezielt in eine bestimmte Richtung lenken wollen, zu verstärken oder abzuschwächen.

Die Beziehungen zu anderen verbessern

20

Sich über Beziehungen klarwerden

Um zu verstehen, was eine Beziehung ist, wie sie zustande kommt, wie man sie intensiviert, und warum Beziehungen in die Brüche gehen, muß man sich darüber klarwerden, welche große Rolle die Bedürfnisse spielen.

Das für uns wichtigste auf der Welt sind unsere Bedürfnisse. Sie beeinflussen unsere Meinung, unsere Einstellung und unseren Standpunkt. Normalerweise sind wir uns der nicht befriedigten Bedürfnisse bewußter als der, die ständig erfüllt werden. Gerade die grundlegendsten Bedürfnisse nehmen wir als so selbstverständlich hin, daß wir ihnen meist keine Beachtung schenken. Wir denken nicht bewußt an die Luft, die wir atmen, an den Boden, auf dem wir gehen, an das Wasser, das wir trinken; und dennoch vermissen wir diese Dinge am allermeisten, wenn wir sie nicht mehr haben. Wird eines dieser grundlegenden Bedürfnisse nicht mehr erfüllt, nehmen wir es plötzlich viel deutlicher wahr, und es erscheint uns, als ob wir es durch ein Vergrößerungsglas sähen.

Außer diesen Grundbedürfnissen gibt es natürlich noch andere, und es werden mehr, wenn wir reifer werden. Ein Kind hat ähnliche Bedürfnisse wie ein Erwachsener: Nahrung, Wasser, Wärme, Sicherheit, Liebe. Als Erwachsene nehmen wir Nahrung, Wasser und Wärme oft als selbstverständlich hin, weil diese Bedürfnisse ständig erfüllt werden (bei den meisten). Die Grundbedürfnisse geraten in Vergessenheit, weil andere auftauchen: das Bedürfnis nach Liebe, nach sexueller Erfüllung, nach Fortpflanzung; und das ganz große Bedürfnis nach Selbstwertgefühl. Das Bedürfnis, sich selbst zu mögen. Die meisten dieser Bedürfnisse sind, wie Sie schon gemerkt haben, emotionaler Natur.

Und dann kommen die Bedürfnisse nach Dingen, nach Aktivitäten: das Bedürfnis nach Geld, Arbeit, einem erfüllenden Beruf, nach Zerstreuung und Ferien.

Eine gute Beziehung zu haben ist keine schwierige Sache, wenn man weiß, welche Rolle die Bedürfnisse dabei spielen, ob eine Beziehung oberflächlich, durchschnittlich oder intensiv wird. Wir wollen das Wort *Beziehung* anders definieren als im Wörterbuch und uns seine Bedeutung erschließen, um den Sinn besser zu verstehen.

Hier gilt die Definition: *Eine gute Beziehung ist die gegenseitige Erfüllung von Bedürfnissen.*

Wenn zwei Menschen starke Bedürfnisse haben und jeder die des anderen erfüllt, entsteht eine starke Beziehung. Wenn zwei Menschen nur schwach ausgeprägte Bedürfnisse haben und jeder die des anderen erfüllt, entsteht eine durchschnittliche Beziehung.

Wenn beide stark ausgeprägte Bedürfnisse haben und diese nicht erfüllt werden, entsteht daraus eine schwache Beziehung. Wenn beide schwach ausgeprägte Bedürfnisse haben und diese nicht erfüllt werden, entsteht daraus eine durchschnittliche Beziehung, die aber mehr zur negativen als zur positiven Seite hin tendiert. Wenn ein schwach ausgeprägtes Bedürfnis nicht erfüllt wird, dann kümmert sich keiner der Beteiligten besonders darum.

Werden die Bedürfnisse von den anderen Menschen oder einer bestimmten Person nicht erfüllt, dann trennen sich schließlich die Wege: die Art der Trennung, der damit verbundene Streß, Ärger und Groll hängen sehr davon ab, wie stark die nicht erfüllten Bedürfnisse waren. Wurde ein starkes Bedürfnis nicht erfüllt, gibt es viel Ärger und Groll,

171

denn die Stärke des Bedürfnisses bestimmt die Kraft der Emotion, die freigesetzt wird. Bleibt ein schwach ausgeprägtes Bedürfnis unbefriedigt, dann wird sehr wenig emotionale Energie freigesetzt; es gibt also auch wenig Ärger oder Groll, vielleicht höchstens ein Schulterzucken und die Bemerkung: »So ist es eben.«

Sie können die Beziehung zu einem anderen Menschen ganz einfach intensivieren: *Finden Sie heraus, was der andere braucht, und erfüllen Sie dieses Bedürfnis.*

Wollen Sie eine Beziehung beenden, dann gilt das Gegenteil. Finden Sie heraus, was der andere braucht, und erfüllen Sie dieses Bedürfnis nicht.

So einfach ist es. Der Grundsatz der Entsprechung sagt: »Wie oben, so unten; wie unten, so oben.« Wenn Sie den Weg zum Glücklichsein kennen, dann wissen Sie auch, wie man unglücklich wird. Sie müssen sich dessen nicht bewußt sein: Wenn Sie wissen, wie Ihnen etwas mißlingt, dann wissen Sie auch, wie Sie damit Erfolg haben können. Wenn es Ihnen immer gelingt, daß Beziehungen in die Brüche gehen, dann wissen Sie auch, wie es Ihnen gelingen kann, gute Beziehungen aufrechtzuerhalten, wenn Sie das Konzept verstanden haben.

Wenn eine Beziehung scheitert, dann hat einer der Partner die Bedürfnisse des anderen mißachtet. Daraus ließe sich also schließen, daß der erste Schritt zu einer erfolgreichen Beziehung der ist, die Bedürfnisse des anderen genau kennenzulernen. Sehr wichtig ist auch, seine eigenen Bedürfnisse zu kennen, damit man dem Partner helfen kann, sie zu erfüllen.

Leider ist es so, daß die meisten Menschen die Bedürfnisse des anderen nicht nur nicht sehen oder verstehen, sondern auch ihre eigenen nicht kennen.

Kinder haben eine wunderbare Beziehung zu ihren Eltern, solange ihre wichtigsten Bedürfnisse erfüllt werden. Bleiben sie unbefriedigt, verändert sich die Beziehung, und

Probleme tauchen auf. Wenn das Kind heranwächst, ändern sich auch die Bedürfnisse; es ist enorm wichtig, daß die Eltern diese Veränderung erkennen.

Die Frage ›Wie kann ich diese Beziehung verbessern?‹ ist falsch. Um die richtige Antwort zu bekommen, müssen wir auch die richtige Frage stellen. Eine bessere Fragestellung wäre: »Wie kann ich die Bedürfnisse dieses Menschen erfüllen?«

Jetzt steht Ihnen einige Detektivarbeit bevor, denn Sie müssen Bedürfnisse erst einmal erkennen, bevor Sie sie erfüllen können. Und darin liegt das Problem. Die meisten Menschen wissen nicht, welche grundlegenden emotionalen Bedürfnisse sie haben. Und damit stehen wir vor einer neuen Frage: »Welche emotionalen Bedürfnisse hat dieser Mensch?«

In einem Silva-Seminar zur mentalen Dynamik gab es ein junges Paar, das erst seit kurzem verheiratet war, in dessen Beziehung es aber bereits kriselte. Nach einigen gezielten Fragen kam eine anscheinend unwichtige Begebenheit zur Sprache. Die junge Frau hatte im College zwei Jahre lang Unterricht im Bogenschießen gehabt und war auf ihr Können ziemlich stolz. Ihr Mann war zwar nicht unsportlich, wußte aber nichts über Bogenschießen. Sie wollte es ihm beibringen. Sie hatte damals das Bedürfnis, der Liebe zu ihrem Mann Ausdruck zu verleihen und ihm zu zeigen, daß sie mehr konnte, als er wußte. Sie wollte ihm zeigen, daß sie ihm mehr zu bieten hatte, als er dachte, und vielleicht auch ein neues Bedürfnis in ihm wecken. Möglicherweise wollte sie ihn auch für diese Sportart interessieren, damit sie zusammen bogenschießen könnten. Ihr Selbstwertgefühl und ihr Ego waren stark: Sie war mit sich selbst zufrieden und konnte es dem Mann, der sie liebte, auch zeigen.

Sie gingen in den Hof, wo sie eine Zielscheibe aufgestellt hatte; dort wollte sie ihm die grundlegenden Dinge zeigen. Sie schoß zweimal: der eine Pfeil landete im inneren Ring, gleich neben dem Schwarzen, der andere etwa 20 cm daneben. Nicht überragend, aber auch nicht schlecht, in Anbetracht der Entfernung.

Ihr Mann nahm ihr den Bogen ab, lächelte, legte den Pfeil auf die Kerbe, spannte die Sehne, und der Pfeil schwirrte los. Der erste Pfeil traf, er legte wieder an und schoß den zweiten ab. Beide Pfeile trafen ins Schwarze. Er nahm einen dritten Pfeil, und auch der traf. Seine Frau stand mit offenem Mund da. Ihre hohe Meinung von sich selbst zerschmolz von einem Moment zum anderen. Das war der kritische Punkt in ihrer Beziehung, aber keiner der beiden war sich dessen zu diesem Zeitpunkt bewußt. Hätte er einen ganzen Monat lang darüber nachgedacht, was er in diesem Moment Schlimmes sagen könnte, er hätte nichts Verletzenderes gefunden als: »Was soll an diesem Bogenschießen Besonderes sein?«

Sie schoß daraufhin nie mehr einen Pfeil ab. Und nicht nur das, sie nahm auch nie mehr an irgend etwas teil, bei dem ihr Mann sie hätte schlagen können; so versagte sie sich und ihrem Mann viele fröhliche Stunden, in denen sie sich gegenseitig ihre Bedürfnisse hätten erfüllen können. Und all das, weil ein Mann in einem bestimmten Moment die Bedürfnisse einer Frau nicht erkannt hat.

Und damit kommen wir zu der grundsätzlichen Frage, was eine gute Beziehung ausmacht. »Wie kann ich Bedürfnisse erkennen? Sowohl meine eigenen, als auch die der anderen.« Manchmal erkennt man die Bedürfnisse anderer leichter als die eigenen; unsere eigenen sind oft von Schuldgefühlen, Angst und Prägungen verdeckt. Die Bedürfnisse der anderen erkennt man an ihrer Reaktion auf das, was man tut oder sagt. Kommt eine positive Reaktion, dann hat man das Bedürfnis erkannt. Wie bei anderen, so ist es auch bei einem selbst.

Worauf reagieren Sie positiv? Was gibt Ihnen ein gutes Gefühl, wenn Sie es bekommen oder tun? Wann haben Sie überhaupt keine Schuldgefühle? Was können Sie ganz vertrauensvoll und ohne Angst tun? Mit welchen emotional beladenen Situationen können Sie ohne Angst oder Schuldgefühle umgehen? Überprüfen Sie diese Bereiche auf Ihre Bedürfnisse hin, und Sie werden mit Sicherheit die richtigen Antworten finden.

Wenn Sie Bedürfnisse erkennen und Beziehungen verbessern wollen, dann werden Sie mit der Silva-Methode auf dem Alpha-Niveau wesentlich mehr Einblick in diese Dinge gewinnen als auf der bewußten Beta-Ebene. Gehen Sie auf die meditative Bewußtseinsstufe, das Alpha-Niveau, und erforschen Sie Ihren Geist nach Antworten, sobald Sie völlig entspannt und streßfrei sind. Es wird Ihnen noch besser gelingen, wenn Sie dieses Kapitel über Beziehungen wirklich verstehen und vielleicht auch noch einmal lesen. Wenn Sie sich Ihrer selbst und anderer Menschen bewußter werden, entwickeln Sie dadurch auch Toleranz und Verständnis gegenüber sich selbst und anderen. Mit diesem Wissen sollten Sie in der Lage sein, die Bedürfnisse anderer zu erkennen und Ihre Beziehungen zu verbessern, ob es nun um familiäre, berufliche, freundschaftliche Beziehungen oder den Kontakt zu Bekannten geht.

Ein grundlegendes Bedürfnis ist das nach einem starken Ego. Sie können das Ego anderer Menschen stärken, indem Sie sie einfach eine gute Meinung von sich selbst haben lassen (selbst wenn Sie dazu eine Situation konstruieren müssen, in der das der Fall ist).

Wenn Sie die Bedürfnisse anderer besser erkennen wollen, sollten Sie nicht vergessen, daß sie sich oft in verdeckter Form zeigen. Nehmen wir als Beispiel eine Mutter, die glaubt, von ihren Kindern nur dann Liebe zu bekommen, wenn sie ihr Mitleid erregt.

Sie ›legt‹ sich also verschiedene Krankheiten ›zu‹, um dieses Mitleid zu bekommen, und auf einmal ›braucht‹ sie es, krank zu sein.

Das Kind kann in diesem Fall das Bedürfnis der Mutter dadurch befriedigen, daß es sie liebt und umsorgt und ihr schließlich klarmacht, daß die Fassade der Krankheit überflüssig ist.

Alkohol und Drogen werden auch als ›Stimmungsveränderer‹ bezeichnet. Ihre heimtückische Wirkung wäre jedoch viel deutlicher, wenn man sie als ›Bedürfnisveränderer‹ bezeichnen würde. Sie bewirken, daß frühere Bedürfnisse überflüssig und Dinge, die vorher nicht notwendig waren, plötzlich lebenswichtig werden. Manche Bedürfnisse werden stärker, andere schwächer, und manche verschwinden ganz, während plötzlich eine Reihe ganz neuer Bedürfnisse auftaucht.

Ist der Alkohol- oder Drogenrausch vorbei, entstehen wieder andere Bedürfnisse. Diese Berg-und-Tal-Bahn der sich ständig verändernden Bedürfnisse macht den Angehörigen von Menschen, die Alkohol oder Drogen mißbrauchen, das Leben schwer, vor allem, wenn sie den Grund nicht kennen.

Solange jemand die unter Drogeneinfluß entstandenen momentanen Bedürfnisse befriedigt, bleibt die Beziehung zwischen einem Alkohol- oder Drogenabhängigen und dem ihm nahestehenden Menschen bestehen. In solch einer Beziehung müssen Sie sich fragen, ob Sie diese momentanen Bedürfnisse des anderen befriedigen wollen, obwohl das Problem dann bestehen bleibt. Warum nicht statt dessen ein neues Bedürfnis schaffen? Man kann Bedürfnisse ebenso neu schaffen wie befriedigen. Schaffen Sie das Bedürfnis nach Nüchternheit. Machen Sie eine gemeinsame Entdeckungsreise und finden Sie heraus, wie sich das Leben ohne die Betäubungsmittel Alkohol und Drogen darstellt.

Der Schlüssel dazu, die Bedürfnisse eines Menschen herauszufinden, ist die Kommunikation. Durch Kommunikation kann man den Menschen aus dem Gefängnis seiner Nöte befreien. Stellen Sie die folgende Frage, und holen Sie sich eine Antwort darauf: »Wie würde dein Leben — wie würde unser Leben — aussehen, wenn du nicht trinken/ Drogen nehmen würdest?«

Es ist an diesem Punkt von größter Wichtigkeit, Ziele zu setzen, für den Betreffenden und für Sie selbst: persönliche Ziele und gemeinsame Ziele; Ziele für die nächste Woche, den nächsten Monat, für das folgende Jahr, die nächsten zehn, ja sogar zwanzig Jahre. Ziele geben dem Leben eine Richtung, und man sieht neue Möglichkeiten mit dem Jetzt umzugehen.

Und wie lassen sich nun Bedürfnisse mit Hilfe von Zielsetzungen programmieren?

Manche Eltern wollen zum Beispiel, daß ein Kind Klavier spielt und lassen es Stunden nehmen. Das Kind hat aber kein Interesse an Musik, die Klavierstunden werden zu einer Plackerei, und es kommt deswegen zu ständigen Kämpfen. Das Klavier wird schließlich zu einer Bastion des Jammers. Die Eltern haben das Bedürfnis, daß das Kind Klavier spielen lernt; das Kind hat dieses Bedürfnis aber überhaupt nicht. Wie läßt sich nun eine Beziehung zwischen dem Kind und dem Klavier herstellen?

Der erste Schritt besteht in der Überlegung, wie man es anstellt, in dem Kind ein Bedürfnis nach dem Klavierspielen zu wecken. Überlegen Sie, wie Sie dieses Bedürfnis wachrufen können. Vielleicht sind dazu mehrere Schritte notwendig. Der erste Schritt könnte sein, mit dem Kind in ein paar Klavierkonzerte zu gehen — mit klassischer Musik, Pop und Jazz. Sie wollen in diesem Stadium ja keine bestimmte Richtung festlegen, sondern nur den Appetit wecken. Als nächstes könnten Sie ein einfaches Musikstück auswählen und dem Kind zeigen, wie Musik geschrieben ist, um ihm das Geheimnis der Klänge näherzubringen. Zeigen Sie ihm, daß es eine andere Sprache ist, eine universelle Sprache. Dann könnten Sie das Kind eine einfache Melodie singen, es die Töne auf dem Klavier suchen und die Weise anschließend auf Notenpapier übertragen lassen. Spielen Sie die Melodie noch einmal auf dem Klavier, um dem Kind zu zeigen, daß es etwas Verständliches geschrieben hat. Loben Sie das Kind. Lob ist für ein Kind die schönste Belohnung, die Sie ihm geben können. Das Kind wird bald mehr Lust haben, kleine Musikstücke zu komponieren, weil es auf die schönste aller Belohnungen rechnet, Ihr Lob.

Belohnen Sie das Kind immer mit Lob. Ganz gleich, wie das Musikstück geschrieben aussieht oder sich anhört: Es wurde neu geschaffen und hat das Kind in das Reich der Kreativität geführt, wo die Keime der Begabungen gelegt sind. Wenn diese Keime die richtige Nahrung bekommen, kann daraus vor Ihren Augen ein musikalisches Wunderkind erwachsen, denn wenn das Kind das Bedürfnis nach Ihrem Lob entwickelt hat, wird es immer mehr wissen und es immer besser machen wollen. Das Kind wird nach Anleitung verlangen, um sich ausdrücken zu können. Plötzlich wird bei Ihrem Kind ein Bedürfnis nach musikalischem Wissen entstanden sein, und Sie werden feststellen, daß sich zwischen Ihrem Kind und der Musik eine Beziehung entwickelt hat.

Das ist natürlich nur ein Beispiel, das Sie auf viele Fälle übertragen können, in denen Sie in anderen ein Bedürfnis wecken wollen. Hat man den Vorgang einmal verstanden, kann man Bedürfnisse verstärken oder abbauen. Das Wichtige dabei ist das Konzept. Nicht angewendetes Wissen ist eine Verschwendung. Es mag ja ganz interessant sein zu wissen, daß Bedürfnisse die Grundlage von Beziehungen bilden; wendet man dieses Wissen aber nicht praktisch an, wird es nutzlos. Der Schlüssel zu dieser praktischen Anwendung ist die Kommunikation: ein Gespräch zwischen zwei Menschen, um herauszufinden, wo die jeweiligen Bedürfnisse liegen; ein Gespräch darüber, welche Bedürfnisse jeder zu befriedigen bereit ist. Ist einer der beiden nicht bereit, dem anderen wichtige Bedürfnisse zu befriedigen, dann sollte über ›Ersatzbedürfnisse‹ gesprochen werden. (Ich bin nicht bereit, dein Bedürfnis X zu befriedigen, aber vielleicht statt dessen Y.)

Bei einem Silva-Seminar zur mentalen Dynamik stand kürzlich einer der Teilnehmer auf und rief: »Ich brauche beim Fernsehen einfach meine Zigarre.« Er zeigte auf die Frau neben sich, die aussah, als ob sie gerade in eine Zitrone gebissen hätte und fuhr fort: »Aber meine Frau ist dagegen.«

Natürlich fingen die anderen an zu lachen. Als sie sich wieder beruhigt hatten, fragte ihn der Kursleiter, ob er denn noch andere Bedürfnisse habe, die sie nicht bereit sei zu befriedigen. »Na sicher«, sagte er, »eine ganze Menge. Ich möchte ab und zu mit meinen Freunden Karten spielen, aber sie meckert solange herum, bis ich es sein lasse. Ich kegle gern, sie nicht. Wenn ich allein zum Kegeln gehen will, regt sie sich derartig auf, daß ich lieber darauf verzichte.« Er schien Mut zu fassen, blickte etwas spöttisch auf seine Frau herunter (die aussah, als ob sie sich am liebsten in ein Mauseloch verkriechen würde) und sagte laut: »Das macht mich ganz krank, und ich habe die Nase voll.«

Diese Beziehung war im Begriff, in die Brüche zu gehen. »Sprechen Sie überhaupt über diese Dinge?« wurde er gefragt.

»Na klar; ständig. Ich sage, daß ich weggehe, oder ich nehme mir eine Zigarre, und sie fängt an zu schreien.«

Was der Mann hier beschreibt, kann man eigentlich nicht als Gespräch bezeichnen. Deshalb wurde seine Frau gefragt: »Was stört Sie von den drei Dingen, die Ihr Mann erwähnt hat, Zigarre rauchen, kegeln und Karten spielen, am meisten?«

»Also«, sagte sie, »Zigarrenrauch macht mich krank. Ich kann diesen Geruch einfach nicht ausstehen. Mich stört es, wenn er Karten spielen geht, weil er dann immer erst mitten in der Nacht nach Hause kommt und außerdem zwei Tage lang schlecht gelaunt ist, wenn er verloren hat. Beim Kegeln regt er sich immer ziemlich auf und kann dann nicht schlafen. Ich würde sagen, daß das Zigarrerauchen von den drei Dingen das schlimmste und Kegeln das beste ist. Wenigstens hat er beim Kegeln etwas Bewegung.«

Und dann wurde sie gefragt: »Wenn er zu Hause nicht mehr Zigarren raucht, wären Sie dann bereit, ihn einmal in der Woche zum Kegeln gehen zu lassen?«

Sie nickte heftig. »Gern. Wenn er aufhört, zu Hause diese ekelhaften Zigarren zu rauchen, dann kann er zweimal in der Woche zum Kegeln gehen, wenn er möchte.«

»Halt, wir haben nur von einmal in der Woche gesprochen.« Dann wurde ihr Mann gefragt: »Nun, wie steht's? Sie rauchen zu Hause keine Zigarren mehr und gehen einmal in der Woche zum Kegeln. Einverstanden?«

Er sah seine Frau an, die mit weit geöffneten Augen dasaß und sagte zum Kursleiter: »Aber sie macht immer so ein Theater wegen dem Kegeln. Ich möchte nicht jedesmal Krach haben, wenn ich weggehe.«

Seine Frau schüttelte den Kopf. »Nun, was sagen Sie dazu?« fragte man sie. »Die Sache mit dem Ersatzbedürfnis funktioniert nur, wenn Sie das neue Bedürfnis auch unterstützen. Er gibt sein Bedürfnis auf, zu Hause Zigarren zu rauchen. Sie gestehen ihm sein Bedürfnis zu, zum Kegeln zu gehen. Aber Sie müssen auch kooperativ sein. Sie müssen das Kegeln von einem positiven Standpunkt, mit einer positiven Einstellung sehen. Statt an ihm herumzunörgeln, wenn er zum Kegeln geht, müssen Sie ihm von jetzt an zeigen, daß Sie ihn wirklich gern gehen lassen. Verstehen Sie, was ich meine?«

Sie nickte zustimmend, und später hörten wir von den beiden, daß ihre Beziehung seither besser als je zuvor war. Aber das hatte ich mir schon gedacht. Als sie damals nach dem Seminar weggegangen waren, hatte sie den Arm um ihn gelegt, und er hatte sie noch näher zu sich herangezogen.

21

Familiäre Probleme lösen

Wie Sie wissen, definieren wir das Ego bei der mentalen Dynamik als die Meinung, die man von sich selbst hat. Wenn Sie ein starkes Ego haben, haben Sie eine gute Meinung von sich. Haben Sie ein schwaches Ego, dann haben Sie eher eine schlechte Meinung von sich. Wer eine schlechte Meinung von sich hat und sich für minderwertig hält, der ›sucht‹ in seiner Umgebung nach Dingen, die diese Meinung bestätigen; man hofft, daß man vielleicht doch ganz in Ordnung ist, wenn es andere sagen. Aber im Grunde erwarten wir von den anderen immer Schläge.

Manche Menschen brauchen ständig Bestätigung und fordern sie mit kindlichen Fragen heraus wie: »Meinst du wirklich, daß ich hübsch bin?« — »Steht mir dieser Anzug (oder dieses Kleid)?« — »Meinst du wirklich, daß ich das gut gemacht habe?« — »Glaubst du wirklich, daß ich die Beförderung auch verdient habe?« — »Findest du wirklich, daß ich gut koche?« — »Ist das nicht ein wunderbares Auto?« — »Gefällt dir meine Wohnung wirklich?« Wer versucht, sein Ego auf diese Weise aufzubauen, antwortet auf ein Kompliment etwa folgendermaßen: »Oh, das stimmt nicht; das sagst du nur so.« Solche Menschen wollen also scheinbar immer neue Komplimente hören.

Und dann gibt es wieder andere, die ihr Hab und Gut schlechtmachen, obwohl sie wissen, daß man ihnen widersprechen wird. Das hört sich ungefähr so an: »Das Auto ist nicht schlecht, aber Carl Wetherby hat ein rotes, und vielleicht hätte ich mir auch ein rotes kaufen sollen.« Oder: »Ich finde die Wohnung zwar ganz gut, aber ich hätte lieber eine in einer besseren Gegend gehabt, aber das hat nicht geklappt.« Oder: »Ich bin mit meinem Aussehen schon einigermaßen zufrieden, aber meine Nase sollte eine Idee schmaler sein.« Wird ihnen nicht widersprochen, dann folgt darauf unweigerlich die Bemerkung: »Ach, du hast ja sowieso keine Ahnung davon!«

Eine neutrale oder negative Reaktion zu akzeptieren ist am schwierigsten, wenn sie von den eigenen Familienangehörigen kommt. Je näher einem der Betreffende steht, um so mehr Glauben schenkt man seiner Meinung. Wird die Meinung, die man von sich selbst hat (das Ego) durch die, die einem am nächsten stehen, nicht bestätigt, bekommt die Beziehung einen Riß, der mit jedem Mal größer wird. In liebevollen und dauerhaften Beziehungen ist es im allgemeinen so, daß die Beteiligten ihr Ego gegenseitig stärken.

Das heißt nicht, daß man sich ständig gegenseitig bestätigen soll, wie großartig man ist. Das Ego ist die Meinung, die man von sich selbst hat. Um ihr auf die richtige Weise Nahrung zu geben, braucht man den anderen nur in einem positiven Licht zu sehen und als freien, gleichberechtigten Partner zu betrachten. Manchen Menschen fällt das schwer, vor allem innerhalb der in einer Familie immer bestehenden Hierarchie, wo im Normalfall der Älteste an der Spitze und der Jüngste ganz unten steht. Der Älteste wird diese Position kaum aufgeben, und der Jüngste ist darauf programmiert zu glauben, daß er zu dem Älteren aufsehen muß. Daraus entstehen oft unbewußt starke negative Gefühle, die manche Menschen das ganze Leben lang begleiten.

Wir wollen das Problem am Beispiel von zwei Brüdern verdeutlichen, Albert und Drew. Albert war bei der Geburt von Drew vier Jahre alt; und als Drew vier war, war Albert acht, ein beträchtlicher Altersunterschied. Albert paßte manchmal auf seinen kleinen Bruder auf, spielte manchmal mit ihm und balgte sich auch manchmal mit ihm. Ein richtiger Kampf war das natürlich nie, denn Albert war doppelt so alt wie Drew. Die Zeit verging, Drew wurde vierzehn und Albert achtzehn. Drew sah zu seinem älteren Bruder auf, der alles tat, was auch Drew eines Tages zu tun hoffte. Vieles, was Drew über ältere Jungen erfuhr, sagte ihm sein älterer Bruder. Albert sah in Drew immer den kleinen Bruder, dem er etwas beibringen, den er in gewisser Weise dirigieren und mit dem er manchmal spielen konnte; natürlich kam Albert bei allem besser weg. Und jedesmal, wenn Albert seinem jüngeren Bruder etwas beibrachte oder sich mit ihm prügelte, bestärkte es seine Meinung von sich selbst (in bezug auf seinen jüngeren Bruder). Außerdem lernte er fast jeden Tag etwas Neues, Dinge, über die Drew noch nichts wußte.

Es vergehen wieder ein paar Jahre, Drew ist mittlerweile achtzehn und ihn sticht jetzt der Hafer, aber natürlich ist Albert inzwischen zweiundzwanzig. Albert hat das College abgeschlossen und eine gute Stelle gefunden, Drew fängt gerade mit dem College an. Für Drew ist der ältere Bruder nicht nur der, zu dem er immer aufgesehen hat, sondern er ist für ihn jetzt auch ein richtiger Mann. Eines Tages wird er auch einen Beruf haben. Aber Drew hat nie eine Chance gehabt, sich mit Albert zu messen; es war nie ein richtiger Wettbewerb. Und für Albert war Drew immer der, der ihn – ohne Erfolg – einzuholen versuchte, weil Albert immer älter und klüger war.

Geht man davon aus, daß die Programmierung in dieser Geschichte begann, als Drew vier und Albert acht Jahre alt war, dann haben wir jetzt nach vierzehn Jahren eine ziemlich starke geschwisterliche Programmierung.

Und nun, etliche Jahre später, ist Drew 32, Albert 36 Jahre alt. Das macht eigentlich keinen Unterschied. Beide sind erwachsene, gebildete, verheiratete Männer mit einer eigenen Familie. Aber was ist aus den Programmierungen zwischen den beiden geworden?

Sie sind noch fest in den Köpfen von Albert und Drew verankert.

Kein Wunder also, daß Probleme zwischen Familienangehörigen tiefgreifender sind als die zwischen Freunden oder Bekannten und sich von ihnen sehr unterscheiden. Und wen würde es wundern, daß, um solche Probleme zu lösen, viele tiefsitzende, stark programmierte und oft unbewußte Ursachen berücksichtigt werden müssen?

Bei Streitigkeiten zwischen Familienangehörigen sollte man die Lösung zuerst im Bereich des Selbstwertgefühls, des Egos, suchen. Achten Sie auf die Meinung, die Ihre Angehörigen von sich selbst haben und überlegen Sie, wie Sie sie darin bestätigen können.

Auch Gefühle wie Ärger, Unmut oder Eifersucht sind innerhalb der Familie viel stärker als außerhalb. Wie traurig ist es doch, wenn zwei Mitglieder einer Familie, die sich wirklich lieben (und die sich im Leben so vieles geben können) wegen irgendeiner unwichtigen Sache miteinander streiten, nur weil der eine oder andere seine Bedürfnisse nicht genug berücksichtigt sieht.

Freunde sind ersetzbar, Familienangehörige nicht. Wer einen Freund verloren hat, kann immer einen anderen finden. Hat man einen Bruder, eine Schwester, ein Elternteil, ein Kind, einen Onkel, eine Tante oder einen Cousin verloren, ist dieser Verlust unersetzlich. Und trotzdem haben sich auf dieser Welt so viele Angehörige einer Familie wegen ein paar übereilt geäußerter Worte entzweit. Worte, die zu einem unüberwindbaren Bruch in der Familie geführt haben. Und keiner sucht nach einer Lösung, obwohl sich beide lieben und respektieren und den anderen gegen Angriffe von außen mit aller Kraft verteidigen würden. Auch wenn sie innerhalb der Familie miteinander im Streit liegen, neigen die Betreffenden in bezug auf die Außenwelt dazu, sich gegenseitig zu schützen und zu verteidigen. Familien, Städte, Länder, Völker, Religionen, andere Gruppen von Menschen — sie alle haben ein Ego, das heißt, eine Meinung von sich selbst oder ihrer Gemeinschaft, und sie werden danach trachten, es zu stärken und zu schützen.

Ein klassisches Beispiel dazu ergab sich in einem Silva-Kurs zur mentalen Dynamik, der vor einiger Zeit stattfand. Zwei Schwestern hatten über irgend etwas gestritten und seit fünf Jahren nicht mehr miteinander gesprochen. Wir wollen die beiden Jenny und Sue nennen; Jenny war die Schwester, die an dem Kurs teilnahm. Sie erwähnte während des Seminars den alten Streit mit Sue. Sie liebte ihre Schwester und hätte gern wieder mit ihr Kontakt gehabt. Sie bekam den Rat, sich unsere drei magischen Worte zunutze zu machen. Drei Worte, die praktisch jedes Familienmitglied, das sich mit einem anderen zerstritten hat, wieder in den heimeligen, warmen und sicheren Schoß der Familie zurückbringen.

Jenny sagte: »Diese drei Worte sind bestimmt ›Ich liebe dich‹, aber das kann ich nicht zu meiner Schwester sagen, obwohl es stimmt. Sie werden mir jetzt sicher raten, daß ich meine Schwester anrufen und ihr sagen soll, daß ich sie liebe, aber das kann ich nicht. Das ist absolut unmöglich.«

»Nein«, sagte der Kursleiter zu ihr. »Das sind nicht unsere drei magischen Worte, obwohl man sie auch nehmen könnte. Wir wissen, wie schwer es für Sie ist, sich zu diesem Schritt zu überwinden.«

Jenny wurde gefragt, warum es zu diesem Bruch gekommen war. Sie erinnerte sich nicht daran, meinte aber, daß der Grund ein Streit über irgend etwas gewesen sei. Jenny sollte jetzt sofort zum Telefon gehen, ihre Schwester anrufen, und — bevor Sue irgendwie reagieren konnte — sagen: »Sue, hier ist Jenny. Ich wollte dir sagen, daß ich über diesen alten Streit nachgedacht habe, und daß *ich unrecht hatte.*« Wir sagten ihr, daß sie garantiert wieder eine Schwester haben würde, wenn sie diese drei Worte aussprächte. Was für ein geringer Preis für eine Schwester! Drei Worte: »Ich hatte unrecht.«

Jenny meinte, daß sie das schaffen würde. Dann aber, als sie kurz darüber nachgedacht hatte, sagte sie: »Ich hatte aber nicht unrecht.« Bei dieser Bemerkung brüllte die ganze Gruppe vor Lachen. Jenny ging offenbar ein Licht auf, sie lächelte verlegen und ging mit entschlossenen Schritten zum nächsten Telefon. Ihr war plötzlich klar geworden, daß die Wirkung dieser Worte noch größer sein würde, weil sie doch meinte, im Recht zu sein. Sie verzieh praktisch ihrer Schwester und gab damit die Verantwortung für das Zerwürfnis ab. Sollte ihre Schwester immer noch verrückt spielen, nachdem Jenny die Schuld auf sich genommen hatte, dann wäre das Sues Problem und nicht ihres.

Daß sie jetzt, nur um die Beziehung zu ihrer Schwester zu verbessern, etwas zugeben würde, obwohl sie vom Gegenteil überzeugt war, stärkte ihr Selbstvertrauen. Sie ging mit ganz zuversichtlicher Miene zum Telefon, um anzurufen.

Als Jenny zehn Minuten später in den Saal zurückkam, lag ein verschmitztes Lächeln auf ihrem Gesicht. Sie sah die anderen an und sagte: »Wißt ihr was? Das funktioniert wirklich. Warum bin ich nicht von selbst darauf gekommen?«

Das wäre an sich möglich gewesen, nur stand ihr dabei ihr Ego im Weg. Zerwürfnisse mit Familienangehörigen kann man in verschiedener Weise lösen, aber es hat sich im Laufe der Jahre gezeigt, daß diese drei Worte offenbar die beste Wirkung haben. Der andere kann darauf eigentlich nur positiv reagieren.

Aber was, wenn keine positive Reaktion kommt? Angenommen, der andere antwortet: »Du hast verdammt recht, du warst schuld; es ist immer das gleiche mit dir!« Oder: »Na gut, warum hast du dich dann so verhalten? Tu das nie wieder; ich wußte, daß du unrecht hattest.« Man könnte sich noch eine ganze Reihe ähnlicher Antworten vorstellen. Die Antwort darauf sollte Verzeihen ausdrücken, denn man kann der Verärgerung des anderen am schnellsten Einhalt gebieten, wenn man ihm eine solche Antwort einfach verzeiht. Solche Worte klingen oft deshalb recht hart, weil sich in der Zeit der Trennung bittere Gedanken aufgestaut haben.

Wenn Sie den Schritt getan und gesagt haben: »Ich hatte unrecht«, dann haben Sie sich von dem Problem distanziert. Kommt darauf keine positive Reaktion, dann ist es das Problem des anderen, nicht Ihres. Sie haben den ersten Schritt getan. Verheilt die Wunde dadurch, ist alles in Ordnung. Wenn nicht, dann haben Sie Ihr Bestes getan, um das Problem aus der Welt zu schaffen. Sie können stolz auf sich sein, denn Sie haben das Ihre getan.

Sie könnten vielleicht das vorangegangene Kapitel noch einmal durchlesen und sich ins Gedächtnis rufen, daß es eine gute Beziehung ausmacht, wenn die Bedürfnisse des anderen befriedigt werden. Überlegen Sie, was dieses Familienmitglied braucht. Können Sie selbst dieses Bedürfnis irgendwie befriedigen? Oder können Sie dem Betreffenden dabei helfen? Wenn das der Fall ist, werden Sie eine unmittelbare, positive und liebevolle Reaktion erleben.

22

Vom Umgang mit negativen Menschen

Um die negative Einstellung vieler Menschen zu verstehen, sollte man sich folgendes klarmachen: Negatives Denken ist ein Schutz vor Enttäuschungen. Wer negativ denkt, erwartet nichts Gutes und ist deshalb auch nicht enttäuscht, wenn nichts Gutes eintritt. Der Grundstein zu einer solchen Haltung wird meist sehr früh gelegt, manchmal sorgt aber auch der Zahn der Zeit dafür, daß ein Erwachsener seine positive Einstellung allmählich verliert. Wer ständig Enttäuschungen erlebt, legt sich oft den Schutzmantel des negativen Denkens zu, weil er dadurch weitere schmerzliche Erfahrungen vermeiden kann.

Wer negativ denkt, wird nie enttäuscht; negatives Denken scheint also positive Auswirkungen zu haben. Es hat aber leider eine große Nebenwirkung. Wenn die mit Spannung verbundenen positiven Erwartungen wegfallen, wird das Leben langweilig und fad, ihm fehlt die Würze. Wer sich auf nichts freuen kann, keine Ziele und nur wenige Wünsche hat, der gerät in einen Zustand der Apathie, der schließlich zu Depressionen führt, unter denen so viele Menschen in unserer Gesellschaft leiden. Und unmittelbar auf die Depression folgt ein geistig-seelischer Zustand, dem so viele ältere Menschen zum Opfer fallen, die Verzweiflung. Die Verzweiflung ist das Gefühl, daß man das, was man möchte, nie bekommen wird. Hat sich die Verzweiflung einmal im Leben eines Menschen breit gemacht, dann ist ihm fast alles gleichgültig. So lernt er, nichts mehr zu wollen, und das Leben besteht nur noch darin, auf den Tod zu warten.

Auch wenn Sie selbst nicht in dieser Situation sind, so kennen Sie doch wahrscheinlich jemanden, bei dem es so ist. Am besten schützt man sich vor solchen Menschen, indem man ihnen aus dem Weg geht (wie auch die zweite Regel zum Glücklichsein sagt). Wenn es nur so einfach wäre! Denn allzu oft geht es dabei um einen geliebten Menschen, einen engen Freund, einen Kollegen oder Bekannten. Wir wollen nun anhand eines Beispiels verdeutlichen, wie das negative Denken entsteht, denn wenn Sie solche Menschen verstehen, können Sie vielleicht besser entscheiden, inwieweit Sie sich mit dem Betreffenden einlassen wollen.

Betty W. war sechs Jahre alt und eine ausgelassene, positive, lebendige junge Dame, wie man sie selten findet. Die Welt war für sie hell und freundlich und voll von Wundern. Bei jedem ihrer Streifzüge entdeckte sie tausend neue Dinge. Für sie war das Gras immer grün, der Himmel immer blau. Wenn sie morgens aufwachte, sprang sie schnell aus dem Bett, weil sie schon auf die neuen Wunder neugierig war, die die Welt für sie bereithielt. Wie wird nun aus diesem Kind jemand, der negativ denkt?

Eines Tages sagt ihre Mutter zu ihr: »Betty, am Wochenende gehen wir in den Zoo.« Betty freut sich und erzählt ihren Freunden ganz aufgeregt von dem bevorstehenden Ausflug in den Zoo. Dann kommt der Freitagabend, und die Mutter sagt zu Betty: »Es tut mir leid, mein Liebes. Ich weiß, daß ich versprochen habe, mit dir in den Zoo zu gehen, aber Papa muß am Wochenende arbeiten, und deshalb können wir nicht hingehen.« Betty ist furchtbar enttäuscht, kommt dank ihrer jugendlichen Energie aber schnell darüber hinweg und ist am Sonntag wieder ganz die alte. Es vergehen ein paar Wochen, und die Mutter sagt fröhlich zu ihrer Tochter: »Schatz, wir haben dich mit dem

Besuch im Zoo enttäuscht, aber am Sonntag machen wir ganz bestimmt ein Picknick im Park.« Betty macht vor Freude einen Luftsprung und stürmt davon, um ihren Freunden die Neuigkeit zu erzählen. Dann kommt der Samstag, und Bettys Mutter sagt: »Es tut mir so leid, aber ich hatte ganz vergessen, daß wir am Sonntag Großmama versprochen haben, sie zu besuchen. Mit dem Picknick wird es also nichts.«

Betty mag ihre Großmutter sehr gern, aber wenn sie sich zwischen einem Picknick und dem Besuch bei Großmutter entscheiden müßte, dann würde sie immer den kürzeren ziehen. Und so wird Betty wieder einmal enttäuscht.

Vielleicht nicht beim zweiten oder fünften Mal, auch nicht unbedingt beim zwanzigsten Mal, aber irgendwann einmal wird Betty auf den Vorschlag der Mutter, am Wochenende auf den Rummelplatz zu gehen, etwa so antworten: »Ach, es wird wahrscheinlich regnen, oder Papa muß arbeiten, oder ich werde krank.« Und damit gibt es wieder einen Menschen mehr, der negativ denkt.

Betty hat gelernt, daß Enttäuschung weh tut. Sie möchte aber nicht mehr verletzt werden; sie hat herausbekommen, daß sie, wenn sie nichts Gutes erwartet, auch nicht mehr enttäuscht und damit verletzt sein wird, wenn tatsächlich nichts Gutes eintritt.

Wenn man weiß, daß negative Menschen im Laufe ihres Lebens sehr viele Enttäuschungen erlebt haben, versteht man besser, warum sie so denken. Es braucht langjährige Prägung und Verstärkung, bis sich negatives Denken festsetzt. Und solche Menschen lassen sich nicht einfach mit wenigen Worten ›umdrehen‹. Man kann ihnen aber mit den positiven Silva-Methoden eine neue Richtung weisen, indem man den Vorgang umkehrt. Negatives Denken entsteht aus Enttäuschung. Um solche Menschen ›umzudrehen‹, muß man ihnen die Sicherheit geben, daß man sie persönlich nie enttäuschen wird.

Viele unserer Teilnehmer haben Angehörige in Pflegeheimen oder anderen Einrichtungen für alte Menschen, und fast jeder hat festgestellt, daß über solchen Orten fast immer wie eine dunkle Wolke eine Aura der Negativität hängt, der man sich kaum entziehen kann. Wer versuchen will, jemanden wieder zum positiven Denken zu bringen, steht damit vor einer gewaltigen Aufgabe, die aber zu meistern ist. Das Feedback von unseren Teilnehmern hat uns bestätigt, daß es möglich ist, wenn man den Vorgang umkehrt, der aus der sechsjährigen Betty einen Mensch gemacht hat, der negativ denkt.

Rufen Sie Ihren Angehörigen im Heim an, oder schreiben Sie ihm, und legen Sie einen genauen Zeitpunkt fest, zu dem Sie ihn besuchen werden. Seien Sie genau zu dieser Zeit dort. Bevor Sie gehen, machen Sie für Ihren nächsten Besuch eine ungewöhnliche Uhrzeit aus. Sie können zum Beispiel sagen: »Ich besuche nächsten Dienstag einen Freund hier in der Nähe und muß um zwölf dort weg. Ich komme dann am Dienstag um zwölf Uhr siebzehn wieder zu dir.« Vergewissern Sie sich, daß Sie beide die gleiche Uhrzeit haben, und seien Sie auf jeden Fall genau um 12.17 Uhr dort. Es wird eine Zeitlang dauern, aber eines Tages wird der Betreffende wieder mehr Anteil am Leben nehmen. »Weißt du«, werden Sie vielleicht zu hören bekommen, »das Essen schmeckt jetzt besser.« Plötzlich kommt der Appetit wieder, nicht unbedingt nur in bezug auf Essen, sondern auch der Appetit auf neue Erfahrungen, Veränderungen, ein bißchen Spannung.

Aus einem Negativ-Denker wird zwar nie ein unerschütterlicher Optimist werden, aber Ihr Ziel sollte es sein, diesen Menschen so weit wie möglich aus seiner Verzweiflung herauszuholen.

Und was ist mit denen, die Sie nicht ändern können? Denn das versuchen Sie ja: einen Ihnen nahestehenden Menschen zu ändern. Es gibt aber auch Menschen, zu denen man keine so enge Beziehung hat, denen man aus irgendeinem Grund aber nicht aus dem Weg gehen will (denn das ist leicht). Wenn Sie einem negativen Menschen aus dem Weg gehen, dann sind Sie das Problem natürlich los. Stellen Sie fest, welche Beziehung zwischen Ihnen und dem betreffenden negativen Menschen besteht. Es könnte sein, daß Sie aus einem Schuldgefühl heraus, es kann jüngeren Datums oder schon längst vergessen sein, unbewußt das Bedürfnis haben, sich selbst zu quälen. (Siehe auch 8. Kapitel ›Schuldgefühle, und wie man sich selbst verzeiht‹.)

Alle Menschen haben Probleme, von denen Sie nichts wissen; Probleme, die ihren Standpunkt, ihre Einstellungen und Erwartungen beeinflussen. Sie werden diesen Menschen und sich selbst besser helfen können, wenn Sie sich das geistige Bild des positiv Denkenden und unsere dynamischen Silva-Methoden zunutze machen.

Das Arbeits- und Geschäftsleben

23

Wie erreiche ich mein Ziel?

Wenn Sie im eigenen Garten Rüben ziehen wollen, statt sie auf dem Markt zu kaufen, dann müssen Sie als erstes Rübensamen besorgen. Danach werden Sie den Boden vorbereiten, ein Loch graben, den Samen hineinlegen, ihn mit Erde bedecken, wässern und düngen. Den Rest erledigt die Natur. Der Samen beginnt zu keimen, die Triebe wachsen und bringen schließlich Ihre Rüben hervor.

Das Stückchen Erde, wo Sie die Samen aussäen, muß viel Sonne bekommen, denn im Keller würden daraus nur mickrige, verkümmerte Triebe werden, wenn die Samen dort überhaupt aufgingen. Auch ohne Wasser sterben sie. Legen Sie den Samen in nicht aufgelockerten harten Boden, dann können die Triebe das Erdreich nicht durchstoßen. Vergessen Sie zu düngen, werden die Pflanzen schwach sein.

Es sind schon einige Überlegungen und Vorarbeiten notwendig, ehe aus Rübensamen schöne große Rüben werden. Genauso ist es, wenn man sich Ziele steckt.

Die Aussaat entspricht also dem Programmieren von Zielen; hinter beidem steht der Wunsch, daß sich eine bestimmte Ursache in einer bestimmten Wirkung manifestiert. Wie läßt sich der Vorgang der Aussaat nun auf den Menschen übertragen?

Mark H. faßte mit sechzehn Jahren den Entschluß, Klavier spielen zu lernen. Er bat seine Eltern, ihm ein Klavier zu kaufen und bekam es auch, als er versprach, regelmäßig Stunden zu nehmen und fleißig zu üben. (Der Entschluß,

Klavier spielen zu lernen, entspricht dem Vorsatz, Samen zu kaufen. Damit war das Ziel gesteckt.) Das Klavier wurde geliefert. (Nun hatte er den Boden, in dem er die Samen aussäen wollte. Es war jedoch noch trockener, harter Boden.) Die Eltern fanden einen Klavierlehrer für Mark, und so hatte er jetzt den Samen.

An dem Tag, als der Klavierunterricht begann, wurde der Boden vorbereitet und der Samen ausgesät. Er übte jeden Tag fleißig, denn er hatte das Gefühl, sonst Rückschritte zu machen, statt vorwärtszukommen. (Die Sämlinge würden zwar nicht eingehen, wenn sie ein paar Tage kein Wasser bekämen, es könnte aber ihr Wachstum hemmen.) Er lernte beim Üben viel dazu und bekam eine ganz neue Vorstellung von Musik. Immer, wenn er eine neue Stufe erreicht hatte, wurde ihm klar, wieviel es noch zu lernen gab; und je mehr er lernte, um so mehr erkannte er, wie grenzenlos Wissen wirklich ist. Je besser er spielen konnte, um so mehr Lust hatte er, weiterzulernen. Und der Samen — in wohl vorbereiteten Boden ausgesät und gehegt — trug reichlich Früchte. Mit 22 Jahren gab Mark H. sein erstes Konzert, das ihm viel Applaus und großes Lob einbrachte. Er hatte den Boden für die Zukunft richtig bestellt.

Bei Benson G. war es ganz anders. Auch Benson dachte sich mit sechzehn, daß es doch schön wäre, Klavier zu spielen. Jedesmal, wenn er jemanden Klavier spielen hörte oder sah, stellte er sich vor, an dessen Stelle zu sein. Das Klavier war der Mittelpunkt seiner Tagträume, und er piesackte seine Mutter, ihm doch eines zu kaufen. Sie kaufte ihm schließlich ein Spinett. Es bekam seinen Platz in einer Ecke des Wohnzimmers, und Benson klimperte darauf ab und zu so etwas wie eine Melodie.

Eines Tages engagierte seine Mutter einen Lehrer, der ihrem Sohn die Grundlagen des Klavierspiels beibringen sollte, aber Benson fiel immer etwas ein, was er lieber tat. Er übte zwar ab und zu, aber statt sich auf das Jetzt zu konzentrieren, auf das, was er tat, träumte er davon, ein großer Pianist zu sein. (Er hatte den Samen gekauft, ihn aber einfach in einer schattigen Ecke auf die Erde geworfen, ohne den Boden vorzubereiten, zu bewässern und zu düngen. So hatte der Samen nicht die geringste Chance.) Er wollte sein Leben lang Klavier spielen können. Aber er kümmerte sich nicht richtig um den Samen.

Es ist ganz einfach, die Ursache zu säen, um die gewünschte Wirkung zu erreichen, und man kann das Ganze in fünf Regeln zusammenfassen.

1. Entscheiden Sie, was Sie anpflanzen wollen, und besorgen Sie die Samen. (Wenn Sie Karottensamen kaufen, wird die Enttäuschung groß sein, wenn Sie erwartet haben, daß daraus Rübenschößlinge werden.)
2. Bereiten Sie den Boden vor. (Echte Profis nehmen sich für die Vorbereitung mehr Zeit als für die eigentliche Arbeit.)
3. Säen Sie den Samen aus. (Machen Sie einen Anfang. Die Samen werden weder in den Tütchen noch in Ihrer Tasche keimen. Sie brauchen sich keine Gedanken darüber machen, ob sie keimen und gedeihen werden oder nicht, denn wenn Sie sie nicht aussäen, wird in keinem Fall etwas daraus.)
4. Kümmern Sie sich um die Pflänzchen. (Sie müssen Unkraut jäten, sie ausdünnen, bewässern und düngen, wenn Sie eine gute Ernte haben möchten.)
5. Ernten Sie. (Die beste Zeit für die Ernte ist, wenn die Frucht voll ausgereift ist. Nun müssen Sie entscheiden, ob und wie Sie die Früchte Ihrer Arbeit ernten und genießen wollen.)

Wenn Sie diese Übung des Säens machen, gehen Sie auf Alpha-Niveau und legen fest, auf welches Ziel hin Sie sich programmieren möchten. Die fünf Regeln für eine gute

Ernte sind der Weg, den Sie gehen müssen, um an Ihr Ziel zu gelangen.

Nehmen wir einmal an, Sie möchten sich darauf programmieren, die Wohnung zu weißen. Zuerst sehen Sie sich die Samen kaufen, in diesem Fall Farbe, Walzen und Pinsel. Dann visualisieren Sie, wie Sie den Boden vorbereiten bzw. sich auf die Tätigkeit einstellen, für die Sie sich programmieren. Sie sehen sich dabei, wie Sie Möbel und Fensterrahmen abdecken, die Wände abkratzen, Türen aushängen, Bücher, Bilder und kleinere Möbel wegräumen. Als nächstes sehen Sie sich die Samen aussäen; Sie sehen, wie Sie mit der Arbeit beginnen. Die Möbel und der Boden sind abgedeckt, alles ist vorbereitet; Sie fangen an zu streichen.

Und schließlich stellen Sie sich bildhaft-plastisch vor, wie Sie die Früchte Ihrer Arbeit ernten. Sie sind fertig, alle Möbel stehen wieder an der richtigen Stelle, die Wohnung sieht wie neu aus. Auf welches Ziel hin Sie sich auch programmieren: Stellen Sie sich vor, daß Sie es zu einem Teil Ihrer selbst gemacht haben; Sie sind zufrieden mit Ihrem Anteil daran und haben es ganz in der Hand, weiterzumachen oder etwas zu verändern, wann immer Sie wollen.

Dies ist eine ausgezeichnete Methode, um sich zielorientiert zu motivieren und Dinge zu Ende zu bringen, bei denen Sie bereits einen Anfang gemacht haben.

24

Kommunikation

Der Grundsatz des Geschlechts besagt, daß alle Dinge einen männlichen und einen weiblichen Aspekt haben; das Männliche ist die nach außen gerichtete, treibende Kraft, das Weibliche die nach innen gehende, empfangende, schöpferische Kraft. Diese grundlegenden Kräfte durchdringen alles, vom kleinsten Molekül bis zum Universum selbst. Diese Kräfte, manche nennen sie ›Yang‹ und ›Yin‹, sind wertfrei; keine der beiden ist gut oder schlecht, sie sind beide ein notwendiger Bestandteil jeder Existenz. Männliche und weibliche Kraft haben auch nichts mit dem männlichen oder weiblichen Geschlecht zu tun, obwohl sich in Mann und Frau der Grundsatz des Geschlechts auf körperlicher Ebene manifestiert.

Der Begriff Kommunikation ist leichter zu verstehen, wenn man diesen Grundsatz anwendet, denn wenn Sie etwas zu jemandem sagen, dann befinden Sie sich bis zu einem gewissen Grad auf der männlichen oder nach außen gerichteten Seite; wenn Sie jemandem zuhören, kommt die empfangende, nach innen gerichtete, weibliche Seite zum Tragen. Um zu verstehen, ja sogar um zu hören, was ein anderer zu Ihnen sagt, müssen Sie in der empfangenden/weiblichen Verfassung sein. Um anderen verständlich zu machen, was Sie sagen, müssen Sie in der nach außen gerichteten/männlichen Verfassung sein. Ein Magnet zieht einen anderen Magneten nur an, wenn der nach außen gerichtete/männliche Pol mit dem empfangenden/weiblichen Pol zusammengebracht wird; ebenso ist es mit der Kommunikation. Wenn Sie aus der empfangenden Verfassung heraus zu jemand sprechen, der genauso gestimmt ist, dann stoßen sich die Kräfte ab. Ebenso ist es mit der nach außen gerichteten Kraft; bringt man die beiden zusammen, stoßen sich die Kräfte ab. Kommunikation entsteht nur, wenn der positive Pol mit dem negativen zusammenkommt, der empfangende mit dem nach außen gerichteten.

Wenn zwei Menschen miteinander zu kommunizieren versuchen und beide in nach außen gerichteter Verfassung sind, wenn beide etwas zu sagen haben und es unbedingt sagen wollen, dann gibt es keine Kommunikation und daher auch kein Verständnis. Sind zwei Menschen sozusagen ›auf Empfang‹ gestellt, wenn sie hören wollen, was der andere zu sagen hat, gibt es ebenfalls keine Kommunikation. Ein effektiver Informationsfluß zwischen zwei Menschen kommt nur dann zustande, wenn der Sprecher bis zu einem gewissen Grad in nach außen gerichteter Verfassung ist und der Zuhörer in empfangender, nach innen gerichteter.

Dieser Grundsatz gilt für alle Formen der Betätigung — für das Schreiben, Malen und alle anderen schönen Künste, ebenso im Bereich des Sports, des Arbeits- und Geschäftslebens. Sie müssen sich nur der Existenz dieser Kraft bewußt sein, um sie wahrzunehmen.

Beim Volk beliebte Führerpersönlichkeiten entwickeln eine starke nach außen gerichtete Kraft, wenn sie zu den Menschen sprechen. Sie überwinden mit ihrer starken männlichen Kraft die maskulinen Energiefelder der Menge, die sie praktisch ›auf Empfang schalten‹. (Das hat, wie gesagt, nichts mit dem Geschlecht des Sprechers zu tun. Eine Frau kann die männliche, nach außen gerichtete Kraft ebenso gut auf andere projizieren wie ein Mann.) Es eröffnen sich neue Wege der Kommunikation, und das Charisma des Redners, eine äußerst starke, nach außen gerichtete Kraft, kann große Menschenmassen mitreißen.

Wie bei allen Dingen, so ist auch hier das Ausmaß der Kraft unterschiedlich. Zwei im Grunde sehr ähnliche Redner, von denen der eine die Zuhörer aber mehr in der Gewalt hat und deshalb die nach außen gerichtete Kraft besser einsetzen kann, werden bei den Zuhörern auch eine unterschiedliche Wirkung erzielen. Unter ›mehr in der Gewalt haben‹ verstehen wir ein starkes Selbstvertrauen, das im allgemeinen wiederum auf einer fundierten Kenntnis der Thematik beruht, auf Übung und früheren, unter ähnlichen Umständen gemachten positiven Erfahrungen. Manche Menschen haben auch aus anderen Gründen ein großes Selbstvertrauen, und ihr starkes Ego manifestiert sich als Charisma.

Achten Sie einmal darauf, wieviel Charisma manche Menschen haben und welchen Einfluß sie offenbar auf andere ausüben. Es gibt Verkäufer, Anwälte, Börsenmakler, Buchhalter, Ärzte, Politiker und Kollegen, die einen dazu bringen, etwas zu tun, ohne daß man eine Frage stellt; oder man hinterfragt es vielleicht sogar, tut es aber trotzdem. Wenn solche Menschen Macht über Sie haben, dann können Sie mit Sicherheit davon ausgehen, daß hier die nach außen gerichtete Kraft mitspielt (zumindest in bezug auf Sie).

Als Edward S., Teilnehmer an einem Silva-Seminar zur mentalen Dynamik, dies hörte, verstand er auf einmal einen seiner Angestellten, der ihn völlig aus der Fassung brachte. Edward war Verkaufsleiter einer größeren Firma, die Enzyklopädien vertrieb. Ihm unterstand ein unglaublich erfolgreicher Verkäufer, Big John Jones. Big John trug seinen Namen zu Recht: Er war zwei Meter groß und drei Zentner schwer, eine beeindruckende Erscheinung also. Big John verkaufte offenbar mit fast jedem Anruf eine komplette Ausgabe der Enzyklopädie.

Big John war so erfolgreich, daß Edward ihn zum Leiter des Außendienstes machte und ihn Verkäufer ausbilden ließ. Der Mann, der am ersten Tag mit Big John unterwegs war, berichtete Edward, daß Big John nur ein ziemlich mittelmäßiger Verkäufer sei und er deshalb mit ihm nicht mehr zusammenarbeiten wolle. Edward fragte den Mann, ob Big John denn eine Enzyklopädie verkauft habe. »Ja, das schon«, sagte er. »Aber ich weiß nicht, wie er das gemacht hat. Er ist einer der schlechtesten Verkäufer, die ich je gesehen habe.«

Edward gab natürlich nicht allzu viel auf diese Aussage. Am nächsten Tag schickte er jemand anderen mit Big John los. Auch der zweite Mann gab über Big Johns Verkaufstalent eine eher negative Beurteilung ab. Edward fragte wieder, ob er etwas verkauft habe. »Ja, er hat eine komplette Ausgabe verkauft. Aber ich weiß wirklich nicht, wie. Er hat sich wirklich alles andere als geschickt angestellt.«

Das verblüffte Edward nun doch, und so begleitete er Big John am Abend zu einem Kundenbesuch. Nun hörte er mit eigenen Ohren, wie sein bester Verkäufer ein ziemlich ungeschicktes Verkaufsgespräch führte und schließlich eine gebundene Ausgabe in mittlerer Preislage an den Mann brachte.

Edward erkannte, daß Big John jedoch so überwältigend männlich auf die Kunden wirkte, daß sie bei seinem Anblick ›auf Empfang schalteten‹ und sozusagen kapitulierten. Wenn Big John läutete, kam der Kunde an die Tür, sah diesen geballte männliche Kraft ausstrahlenden Hünen vor sich stehen, schaltete auf weibliches, aufnahmebereites Verhalten um und kapitulierte. Da Big John nicht nur physisch beeindruckend, sondern sich des Erfolgs auch sicher war, brauchte er nur noch um die Unterschrift bitten; das Verkaufsgespräch war für den Abschluß nicht weiter wichtig. Edward erzählte, daß er einmal von einer Frau angerufen worden war, die sagte: »Ihr Verkäufer war gestern abend bei mir, und ich habe etwas gekauft. Sagen Sie, was war das eigentlich?«

Haben Sie schon einmal etwas gekauft, was Sie eigentlich nicht wollten, nur um den Verkäufer loszuwerden? Wenn ja, dann können Sie mit Sicherheit davon ausgehen, daß Sie in der weiblichen/aufnahmebereiten Verfassung waren und der Verkäufer in der männlichen/nach außen gerichteten.

Es gibt eine Möglichkeit, diese Kraft unter Kontrolle zu bekommen.

Wenn Sie das nächste Mal mit einem Verkäufer zu tun haben (oder überhaupt mit einem dominierenden Menschen), dann denken Sie daran, daß erfolgreiche Verkäufer immer eine maskuline Wirkung ausstrahlen. Damit Sie in Kauflaune sind, müssen Sie in weiblicher Verfassung sein. Sie können sich selbst in jeden der beiden Zustände versetzen. Wollen Sie dem Verkäufer zuhören, dann stellen Sie sich vor, daß Sie aufnahmebereit und für das Gesagte empfänglich sind. Stellen Sie sich vor, wie die Wellen des Meeres auf Sie zukommen, wie Ihnen jemand einen Ball zuwirft, oder wie ein Auto auf der Straße auf Sie zufährt; irgend etwas, was auf Sie zukommt. Visualisieren Sie, wie Sie das Produkt oder die angebotene Dienstleistung kaufen und damit zufrieden sind. Diese Methode wäre zum Beispiel auch für Studenten sehr hilfreich, die im Hörsaal sitzen und Informationen besser behalten wollen. Ein Student, der dasitzt und an etwas anderes denkt, befindet sich normalerweise in einer nach außen gerichteten Verfassung und bekommt vom Unterricht nur wenig mit. Um sich auf weiblich/aufnahmebereit umzustellen, das Gesagte besser zu verstehen und zu behalten, sollte er an auf ihn zukommende Dinge denken. Am besten legt man immer die Spitzen der ersten drei Finger beider Hände zusammen, um seinem Geist den auslösenden Impuls zu geben, dem Vortrag aufmerksam zu folgen.

Wenn Sie das nach außen gerichtete Verhalten gezielt einsetzen und nicht aufnahmebereit sein wollen, dann schalten Sie auf maskulin um. Zuerst stellen Sie sich einen

Schutzschild zwischen sich und dem anderen vor. Dieser Schild absorbiert all die auf Sie einströmende männliche Energie. Als nächstes visualisieren Sie sich in der nach außen gerichteten Verfassung. Stellen Sie sich Dinge vor, die von Ihnen weggehen: einen Zug, eine Rakete, ein Schiff oder irgend etwas anderes, das sich von Ihnen fortbewegt. Sehen Sie sich selbst in Aktion — vielleicht drehen Sie dem anderen den Rücken zu, gehen weg, oder Sie machen dem, der vor Ihnen steht, einfach die Tür vor der Nase zu. Sobald man etwas tut, versetzt man sich meist schon in eine nach außen gerichtete Verfassung.

Wenn Sie das dominierende Auftreten eines Verkäufers bremsen wollen, dann denken Sie daran, daß Sie es in der Hand haben; Sie müssen sich nicht entschuldigen, wenn Sie etwas nicht kaufen wollen. Sagen Sie: »Nein, das kommt zum jetzigen Zeitpunkt nicht für mich in Frage.« Oder einfach: »Nein, das brauche ich nicht.«

Fragt der Verkäufer Sie etwas — zum Beispiel, warum Sie sein Produkt nicht kaufen wollen —, und Sie beantworten die Frage, dann haben Sie wieder auf Aufnahmebereitschaft umgestellt. Sie sind ihm keine Rechtfertigung schuldig. Sie brauchen Ihre Entscheidung in keiner Weise zu begründen. Antworten Sie auf eine solche Frage einfach: »Ich möchte nichts kaufen, das ist alles.« So einfach ist das.

Wir wissen, daß es manchmal schwierig ist, sich aus den Fängen eines sehr überzeugenden Verkäufers oder eines besonders aufdringlichen Familienmitglieds, Freundes oder Kollegen zu befreien, dessen Verhalten sehr nach außen gerichtet ist, vor allem wenn man sich selbst nur schwer aus der aufnahmebereiten weiblichen Verfassung lösen kann. Für solche Fälle gibt es eine ganz einfache Methode.

Sie brauchen sich nur eine Kraft vorzustellen, die von Ihnen weggeht; einen Pfeil, der abgeschossen wird; eine Rakete, die in den Himmel steigt; ein Wagen, der mit hoher Geschwindigkeit wegfährt; irgend etwas, das von Ihnen weggeht. Und dann sagen Sie zu dem Verkäufer: »Ich habe es mir anders überlegt, ich möchte nichts kaufen.«

Nun wird man Sie fragen, warum Sie es sich anders überlegt haben, warum Sie das Produkt nicht mehr kaufen wollen; man wird Ihnen irgendeine Frage stellen, damit das Gespräch weitergeht. Ganz gleich, was der Verkäufer fragt; antworten Sie auf jede Frage mit: »Warum sollte ich Ihnen darauf eine Antwort geben?«

Und Sie werden sehen, wie der andere vor Ihren Augen ganz klein wird. Um Ihre Frage zu verstehen, muß der Verkäufer nämlich auf Aufnahmebereitschaft umstellen. Und dann ist es mit dem Einfluß, den er auf Sie hatte, vorbei. Nun können Sie ihn freundlich lächelnd hinauskomplimentieren.

Alle Menschen, die andere beeindrucken, haben ein nach außen gerichtetes Verhalten an sich. Bei welchem Menschen in Ihrem Leben ist das der Fall? Bei Ihrer Schwiegermutter, dem Ehegatten oder Chef, bei Ihren Eltern oder bei Ihrem Kind? Die meisten Autoritätspersonen werden als maskuline Kraft empfunden, und wir neigen dazu, in ihrer Gegenwart auf Aufnahmebereitschaft umzuschalten. Wenden Sie Ihr Wissen um diese Kräfte an, um die männliche und weibliche Seite in sich selbst gezielt einzusetzen und die Kommunikation mit anderen zu verbessern.

25

Ein Schnellkurs für geschäftlichen Erfolg

In diesem Kapitel geht es um zehn für den geschäftlichen Erfolg sehr wichtige Themen: Motivation, Firmenziele fördern, klare Vorstellungen entwickeln, effektiv handeln, Verkauf, die Angst vor Zurückweisung überwinden, ›Brainstorming‹, Entspannung und Streßbewältigung, der positive Verkäufer und der Aufbau eines dynamischen, ehrgeizigen, zielorientierten Teams.

Sie werden jetzt vielleicht denken, daß man all diese Dinge wohl kaum in einem Kapitel behandeln kann. Wie Sie aber sehen werden, hat fast jeder dieser zehn Punkte etwas mit Konzepten der mentalen Dynamik zu tun, die wir schon in früheren Kapiteln behandelt haben. Sie werden sehen, daß Ihnen diese zehn Punkte in jedem Fall helfen werden, in welcher Branche Sie auch tätig sind.

1. *Motivation.* Wenn Sie Probleme als Herausforderung und ihre Überwindung als erstrebenswertes Ziel ansehen statt als erdrückende Last, werden Sie viel schneller und besser handeln können. Ständiges Aufschieben, das Gegenteil von Motivation, beruht auf einem zu schwachen Wunsch. Um sich zu motivieren, müssen Sie Ihren Wunsch verstärken. (18. Kapitel ›Motivation und ständiges Aufschieben‹) Es gibt kein Versagen, und deshalb haben Sie auch keinen Grund, etwas hinauszuschieben, für das Sie sich motivieren möchten. (26. Kapitel ›Der persönliche Erfolg im Geschäftsleben‹)

2. *Die Firmenziele fördern.* Bevor man auf ein Ziel hinarbeiten kann, muß man genau festlegen, was dieses Ziel ist. Schreiben Sie alle Vorhaben Ihrer Firma auf und dazu die entsprechenden Termine. Gehen Sie auf Alpha-Niveau und visualisieren Sie das positive Ergebnis, wenn das Ziel erreicht wurde.

Stellen Sie sich vor, wie dieser Erfolg zu neuen Ideen für das Wachstum der Firma beiträgt. Wenden Sie dazu die Programmiermethoden an, die im 11. Kapitel ›Alte Programme — neue Programme‹, im 26. Kapitel über den persönlichen Erfolg im Geschäftsleben und im 20. Kapitel über das Sich-Klarwerden von Beziehungen beschrieben werden, und zwar in dieser Reihenfolge.

3. *Klare Vorstellungen entwickeln.* Eine klare Vorstellung entwickelt man dann, wenn man sich auf einen bestimmten Gedanken konzentriert und dabei alle anderen außer acht läßt. Alle genialen Menschen haben die Fähigkeit, sich völlig zu konzentrieren. Über Albert Einstein gibt es viele Anekdoten, unter anderem diese: Einstein ging eine Straße in Princeton entlang, als ein Kollege ihn aufhielt. Nachdem er sich kurz mit ihm unterhalten hatte, fragte Einstein: »Sagen Sie, ging ich gerade von zu Hause weg oder ging ich nach Hause, als Sie mich aufhielten?« Sein Kollege antwortete: »Nun ja, Sie gingen von zu Hause weg.« Einstein rieb sich nachdenklich das Kinn und sagte: »Aha, dann habe ich also schon zu Mittag gegessen.« Das ist die wirkliche Konzentration auf einen Gedanken.

Und wie können wir uns derart konzentrieren? Mit der im 1. Kapitel beschriebenen ersten Meditationsstufe. Sobald Sie auf Alpha-Niveau sind — und nur dann — sollten Sie die Vorstellung entwickeln, für die Sie die Meditation einsetzen. Um sie deutlicher zu machen, verstärken Sie die Visualisierung mit der Methode der Erfolgsbilder, wie sie im 5. Kapitel beschrieben wird.

4. *Effektiv handeln*. Der Geschäftserfolg hängt davon ab, daß Aktionen durchgeführt werden, die dem Geschäft förderlich sind. Sie können nicht effektiv sein, ohne zu handeln. Nichts auf dieser Welt wurde je zu Ende gebracht, ohne daß ein Anfang gemacht wurde. Der einzige Mißerfolg ist der, keinen Anfang zu machen. Um einen Anfang zu machen und die Sache mit Erfolg durchzuführen, sollten Sie das 18. Kapitel ›Motivation und ständiges Aufschieben‹, das 23. Kapitel ›Wie erreiche ich mein Ziel?‹ und das 26. Kapitel ›Der persönliche Erfolg im Geschäftsleben‹ nachlesen.

5. *Verkauf.* Wir kommen jetzt zu einem sehr kurz gefaßten Kurs in Sachen Verkaufstechnik. Wir gehen davon aus, daß Sie über Ihr Produkt Bescheid wissen und ein Verkaufsgespräch führen können. Nehmen wir einmal an, dieses Verkaufsgespräch nimmt 90 Prozent Ihrer Zeit in Anspruch. Damit bleiben 10 Prozent für den Abschluß übrig. Denn wenn Sie einen Verkauf nicht abschließen, sind Sie eine Art Unterhalter und kein Verkäufer.

Sie *müssen* die Kunden am Ende des Verkaufsgesprächs dazu bringen, den Wunsch nach Ihrem Produkt zu bestätigen. Dazu müssen Sie die richtige Frage stellen. Das ist nicht das gleiche, wie herauszufinden, ob Ihr Produkt Anklang findet und ob der Kunde es sich leisten kann. Sie können niemandem einen Porsche für 60 000 Dollar verkaufen, der keine Ersparnisse hat und nur 300 Dollar die Woche verdient. Wenn Sie Ihr Produkt vorgestellt haben, müssen Sie die richtige Frage stellen.

Und die lautet: »Lieber Herr X, würden Sie dieses Produkt (diese Dienstleistung, was auch immer) gern haben, wenn Zeit und Geld keine Rolle spielen würden?«

Bejaht der Kunde diese Frage, dann hat er von diesem Produkt im Geiste schon Besitz ergriffen. Jetzt fehlt Ihnen nur noch die Unterschrift, und Sie müssen den Kunden über die Kaufbedingungen aufklären.

Sobald Sie diese entscheidende Frage gestellt und eine positive Antwort bekommen haben, ist der Verkauf eigentlich perfekt. Sie fangen nicht wieder mit dem Verkaufsgespräch an, denn dann wäre der Erfolg in Frage gestellt.

Wenn der Kunde auf diese Frage mit Nein antwortet, können Sie gleich einpacken, denn dann haben Sie das Verkaufsgespräch nicht richtig geführt. Wenn der Kunde nicht kaufen will, sollten Sie keine Zeit mehr investieren. Sie haben ihn ohne jeden Zwang gefragt, ob er das Produkt oder die Dienstleistung haben will. Hat er nein gesagt, dann wird ihn nichts, was Sie sagen, umstimmen können.

Die oben erwähnte Frage ist das A und O eines jeden Verkaufsgesprächs, denn wenn der Kunde das Produkt im Geiste schon in Besitz genommen hat, dann gehört es ihm in Gedanken bereits. Wenn Sie diese Frage stellen, taucht in seinem Kopf blitzartig das Bild auf, daß er die betreffende Sache bereits besitzt. Bekommen Sie auf Ihre gezielte Frage ein Ja zur Antwort, dann gehen Sie davon aus, daß der Verkauf perfekt ist und schreiben den Auftrag.

Wenn der Kunde jetzt noch irgendwelche Bedenken hat, dann meistens deshalb, weil er nicht genau weiß, wie er es kaufen soll. Ihre Aufgabe ist es, ihm die Sache so leicht wie möglich zu machen. Wir wollen in diesem Zusammenhang besonders auf zwei Verkaufsmethoden hinweisen. Die eine bezeichnen wir mit ›zuerst etwas Kleineres verkaufen‹, die andere läßt sich mit ›dem Kunden keine Möglichkeit geben, nein zu sagen‹ umschreiben.

Lassen Sie mich erklären, was ich mit ›zuerst etwas Kleineres verkaufen‹ genau meine. Ganz gleich, was Sie verkaufen, Sie sollten immer auch etwas vergleichsweise sehr preisgünstiges anzubieten haben, das zu dem paßt, was Sie eigentlich verkaufen wollen. Wenn Sie zum Beispiel als Autoverkäufer einen Wagen für 12 000 Dollar verkaufen wollen, dann sollten Sie dem Kunden eine Auswahl verschiedener Dinge zur Dekoration der Motorhaube oder besondere Radkappen zeigen können. Nehmen wir einmal an, die Motor-haubendekoration kostet zehn Dollar. Hat der Kunde vor-her auf Ihre gezielte Frage mit Ja geantwortet, lassen Sie ihn jetzt etwas aussuchen, bevor Sie den Kaufvertrag für den Wagen schreiben. Bieten Sie ihm verschiedenes zur Aus-wahl an, silber- oder goldfarben, groß oder klein. Wenn er sich die Dekoration für zehn Dollar ausgesucht hat, dann hat er auch den Wagen für 12 000 Dollar gekauft.

Wenn Sie ein Haus verkaufen, dann sorgen Sie dafür, daß Sie irgend etwas zu einem niedrigeren Preis — für 100, 500 oder 1000 Dollar — anzubieten haben, das man im Haus gut gebrauchen kann. Verkaufen Sie es dem Kunden. Hat er diese Sache gekauft, dann ist auch der Hauskauf perfekt.

Und nun zur zweiten Methode: Wie macht man es, dem Kunden keine Möglichkeit zum Neinsagen zu geben? Fra-gen Sie ihn vor allen Dingen nie: »Möchten Sie dies oder jenes kaufen?« Wenn Sie ihn so fragen, dann laden Sie ihn geradezu zur leichtesten aller Antworten ein, nämlich nein. Ganz gleich, ob Sie ein Produkt oder eine Dienstleistung verkaufen, drücken Sie sich immer so aus, daß man darauf schlecht mit Nein antworten kann. Geben Sie dem Kunden nicht die Möglichkeit, nein zu sagen. Nehmen wir an, Sie wollen ein Sofa verkaufen. Haben Sie Ihr Produkt präsen-tiert und dem Kunden die gezielte Frage gestellt, zeigen Sie ihm zwei oder drei Farbmuster. Dann fragen Sie nicht: »Möchten Sie das Sofa kaufen?«, sondern Sie drücken sich so aus: »Möchten Sie das rote oder das grüne Sofa? Möch-ten Sie die braunen oder die weißen Polster? Sollen wir das Sofa am Dienstag oder am Samstag liefern? Zahlen Sie mit Scheck oder Kreditkarte?« Fragen Sie immer so, daß man darauf nicht mit Nein antworten kann.

Eine Frau, die in einer Milchbar arbeitete, verkaufte sehr viel Milkshakes mit Eiern. Das Geschäft ging hervorragend, denn man verdiente gut an den Eiern. Niemand sonst ver-kaufte je einen Milkshake mit Ei. Sie stellte aber jedem Gast eine sehr einfache Frage. Wenn er sich gesetzt hatte und sagte: »Ich möchte einen Schoko-Milkshake«, dann entgegnete sie prompt: »Ja, sofort, mit einem oder zwei Eiern?« Sie verkaufte eine Unmenge Milkshakes mit Eiern.

6. *Die Angst vor Zurückweisung überwinden.* Wenn man etwas als den Fluch des Verkaufsgeschäfts bezeichnen kann, dann die Angst vor Zurückweisung. Um diese Angst zu überwinden, sollten Sie im 2. Kapitel noch einmal die Geschichte von Shawn nachlesen, und wie man seinen Standpunkt verändert. Lesen Sie auch das 10. Kapitel über das Selbstwertgefühl und die Geschichte von Freund und Feind im 13. Kapitel, bei der es darum geht, sein früheres Selbstbild zu verändern. Wenn Sie diese Gedanken ganz erfaßt haben, dann wird ›Zurückweisung‹ für Sie nichts weiter als ein Wort sein.

7. *›Brainstorming‹.* Zum ›Brainstorming‹ — das heißt, spontane Ideen sammeln und auswerten — braucht man mehr als eine Person. Bitten Sie möglichst viele Mitarbeiter dazu, bis zu einem Dutzend. Sie sollen sich alle an einen Tisch setzen und jeden Einfall äußern, der zur Förderung des Geschäfts beitragen könnte. Man sollte sich über keine Idee lustig machen; Phantasie ist wichtig. Eins führt zum anderen, und schon nach einer halben Stunde kann sich eine Idee herauskristallisieren, die für die Firma von Nutzen ist. Wichtig beim Brainstorming ist, daß jeder weiß, daß alles zur Sprache gebracht werden kann, was geschäftsfördernd sein könnte; ganz gleich, wie lächerlich es auf den ersten Blick scheint, jede Idee wird weiterverfolgt und besprochen. Sie werden überrascht sein, wie viele neue Ideen und kreative Gedanken sich daraus ergeben.

8. *Entspannung und Streßbewältigung.* Führen Sie eine fünfzehnminütige Entspannungspause pro Tag für alle Mit-

arbeiter ein. Weisen Sie sie an, zu einem passenden Zeitpunkt auf Alpha-Niveau zu gehen. Sie werden einen unmittelbaren Anstieg der Produktivität und Kreativität feststellen können. Wenn Sie selbst angestellt sind, dann gehen Sie mindestens einmal während der Arbeitszeit auf Alpha-Niveau. (1. Kapitel ›Die erste Meditationsstufe‹ und 6. Kapitel ›Streß‹.)

9. *Der positive Verkäufer.* Machen Sie Ihrem Verkaufspersonal klar, wie wichtig positives Denken ist. Motivieren Sie sie, mit sich selbst in Wettbewerb zu treten. Setzen Sie positive Ziele als Anreiz dafür, den Umsatz zu erhöhen oder mehr Kunden zu besuchen. (10. Kapitel ›Selbstwertgefühl‹.)

10. *Ein dynamisches, ehrgeiziges, zielorientiertes Team aufbauen.* Geben Sie jedem in Ihrem Team dieses Buch zu lesen, und Sie werden ein begeistertes, ehrgeiziges Verkaufsteam haben. Laden Sie Ihre Mitarbeiter zu einem kreativen Brainstorming ein, wenn jeder sich mit der mentalen Dynamik beschäftigt hat und die verschiedenen Konzepte diskutiert wurden.

Wenn Sie sich nach diesen zehn Punkten richten, werden Sie mehr Erfolg im Geschäftsleben haben, und es wird weniger Dinge geben, die Sie behindern. Wenn Sie eine realisierbare Idee oder ein Geschäft haben, dann müssen Ihnen diese Tips zum Erfolg verhelfen. Bevor Sie eine Entscheidung treffen, sollten Sie alle Vorhaben, Ratschläge oder Ideen auf dem meditativen Alpha-Niveau überdenken. Lesen Sie diese zehn Regeln und die Kapitel dazu, falls es entsprechende Verweise gibt, gehen Sie dann auf Alpha-Niveau, meditieren Sie darüber, und handeln Sie gemäß Ihrer Entscheidung.

26

Der persönliche Erfolg im Geschäftsleben

›Geschäftsleben‹ ist hier im weitesten Sinne zu verstehen, ganz gleich, in welchem Beruf Sie tätig sind. Welchen Beruf haben Sie? Was nimmt den Großteil Ihrer Zeit in Anspruch, vielleicht eine freiberufliche Tätigkeit, ein Handwerk oder eine Tätigkeit im Handel? Auch Lehren könnte man als Geschäft betrachten, denn der Beruf des Lehrers ist, Wissen zu vermitteln. Kaufen und verkaufen ist Geschäft. Es kann ebensogut etwas sein, das Sie ohne Bezahlung tun, zum Beispiel den Haushalt führen, wenn Sie Hausfrau sind. Das ›Geschäft‹ einer Sekretärin besteht darin, die Korrespondenz zu erledigen und Akten abzulegen; beim Friseur, anderer Leute Köpfe zu verschönern; bei einer Krankenschwester, anderen medizinische Pflege angedeihen zu lassen. Schreiben ist das Geschäft eines Autors, Malen oder Bildhauern das eines Künstlers.

Womit Sie sich auch immer beschäftigen, Sie sollten sich klarmachen, daß es ein wesentlicher Bestandteil Ihres Lebens ist. Sie sollten Ihr Bestes tun, um bei dieser Beschäftigung möglichst wenig Streß zu haben. Seien Sie glücklich, fröhlich, und haben Sie Spaß an Ihrer Arbeit. Sie können viel glücklicher und länger leben, wenn Sie Streß vermeiden. Und das ist am leichtesten, wenn Sie eine Arbeit haben, die Ihnen wirklich Spaß macht. Wenn das nicht so ist, dann sollten Sie sich entweder eine andere Aufgabe suchen oder die Einstellung zu Ihrer gegenwärtigen Arbeit verändern.

Und was können Sie nun im Geschäftsleben verbessern, so daß Sie mehr Spaß daran haben? Zu allererst sollten Sie eine positivere Einstellung zur Arbeit entwickeln, indem Sie sich neue und positive Ziele setzen, die Freude, ja sogar Begeisterung in Ihnen wachrufen.

Überlegen Sie, wie diese Ziele aussehen könnten. Viele Menschen fangen nichts Neues an, weil sie Angst haben zu versagen; und sie erkennen nicht, daß das einzig wirkliche Versagen darin besteht, überhaupt nichts anzufangen. Nichts anzufangen bedeutet, nichts zu Ende zu bringen, und deshalb kann man keinen Erfolg haben. Es gibt keinen Erfolg ohne Anfang, keine Geburt ohne Empfängnis, keinen Adler ohne ein Ei, keine Pflanze ohne Samen. Wenn Sie keinen Anfang machen, haben Sie bereits versagt.

Es kann keinen Mißerfolg geben, sobald Sie einen Anfang gemacht haben, wenn Sie sich darüber im klaren sind, daß Sie aus jeder Erfahrung etwas lernen können. Als Thomas Edison mit den Experimenten beschäftigt war, die zur Entwicklung der Glühbirne führten, hatte er über tausend ›Mißerfolge‹, zumindest berichten das seine Zeitgenossen. Als ihn ein Mitarbeiter fragte, warum er denn nach so vielen Fehlschlägen immer noch nicht von diesem so schwer faßbaren Glühfaden abließe, antwortete er: »Warum, das waren doch keine Fehlschläge. Wir haben jetzt Kenntnis von tausend Dingen, die nicht funktionieren.« Erfolgreiche Menschen sehen in jedem ›Mißerfolg‹ eine Erfahrung, aus der sie etwas lernen können.

Wenn Sie die Einstellung zu Ihrem ›Geschäft‹ verbessern wollen, dann sollten Sie danach streben, in dem, was Sie tun, kreativer zu werden. Kreativität entsteht aus Impulsen von innen heraus, die Sie steuern können. Das äußere, bewußte Selbst kann das innere Selbst dazu anregen, seinen Befehlen zu gehorchen. Sagen Sie sich einfach — oder, besser gesagt, sagen Sie zu Ihrem inneren Selbst: »Heute werde ich kreativer sein.« Wenn Sie Ihr inneres Selbst genauer bezeichnen wollen, können Sie auch sagen: »Heute werden *wir* kreativer sein.« Dann ›läuft‹ die Sache, und die gewünschte Kreativität stellt sich ein. Die Kreativität läßt sich auch dadurch anregen und verstärken, daß Sie die Spitzen der ersten drei Finger beider Hände zusammenlegen und denken: »Ich werde kreativer sein. Ich bin kreativer.« Sie werden feststellen, daß sich Ihr Bewußtsein immer mehr vertieft, wenn Sie bei der Arbeit kreativer sind. Es ist, als ob ein Schmetterling aus einer Raupe schlüpft, wenn Sie sich größere und ehrgeizigere Ziele stecken.

Was ist Ihr größter Wunsch in bezug auf Ihre gegenwärtige Arbeit oder geschäftliche Tätigkeit? Überlegen Sie, was Ihr höchstes Ziel in dieser Hinsicht wäre. Nun stellen Sie sich dieses höchste Ziel zehnmal vor. Lassen Sie alle Zweifel und Gefühle des Eingeschränktseins beiseite. Wie könnte Ihre gegenwärtige Tätigkeit im Idealfall aussehen? Wenn Sie Bildhauer sind, dann könnte ein von Ihnen geschaffenes Werk als Darstellung der ganzen Welt ausgewählt worden sein; oder Sie als Bildhauer könnten dazu ausgewählt worden sein, die ganze Galaxie oder das ganze Universum zu repräsentieren, und Wesen jenseits unserer Dimension könnten sich für Ihr Werk interessieren. Lassen Sie Ihrer Phantasie freien Lauf. Denken Sie an das höchste Ziel, und befreien Sie Ihre Phantasie von allen Einschränkungen. Gehen Sie, wenn Sie Geschäftsmann sind, über den lokalen, regionalen, nationalen und internationalen Bereich hinaus. Was hält Sie zurück? Wo sehen Sie sich Grenzen gesetzt?

Stellen Sie sich folgende Fragen: »Wenn ich in geschäftlicher Hinsicht in keinster Weise eingeschränkt wäre, wenn ich über unbegrenzte Geldmittel verfügte, wenn ich weltweite Kontakte hätte — sowohl soziale wie auch geschäftliche —, wie könnten sich meine Geschäfte entwickeln?« Denken Sie über Ihr höchstes Ziel nach, ein Ziel, das erreichbar wäre, wenn all diese Kräfte mitwirken würden. Da Sie jetzt Ihr oberstes Ziel festgelegt haben, können Sie die von Ihnen angestrebten Ziele strukturieren. Wie weit sind Sie jetzt von Ihrem höchsten Ziel entfernt?

Erstellen Sie für sich selbst ein symbolisches Ideal, und zeichnen Sie auf einem Stück Papier eine Pyramide. Die Basis der Pyramide stellt Ihren gegenwärtigen Standpunkt dar, die Spitze Ihr höchstes, ideales Ziel. Dieses Ideal ist jedoch unerreichbar. Es ist etwas, wonach man streben, was man jedoch nicht erreichen soll, denn je näher man diesem Ideal kommt, um so mehr verändert sich auch die Vorstellung von diesem Ideal. Zu wissen, daß Sie das höchste Ziel nie erreichen werden, versetzt Sie in die Lage, sich andere Ziele zu setzen, die erreichbar *sind*. Erklimmen Sie Ihre Pyramide Stufe für Stufe, indem Sie sich realistische Ziele setzen; auf jeder neuen Stufe können Sie die nächste visualisieren und ersteigen.

Angenommen, Ihre Idealvorstellung wird durch die Zahl Eintausend verkörpert — eintausend Worte, Dienstleistungen, Gedanken, Menschen oder was auch immer. Das ist Ihr unerreichbarer Stern. Nehmen wir an, Sie stehen derzeit bei der Zahl Drei. Ihr unmittelbares Ziel ist, zur Zehn zu kommen, dann zu Zwanzig, Dreißig und Vierzig, bis Sie schließlich die Zahl Einhundert erreichen. Wenn Sie bei Einhundert sind, streben Sie die Zahl Einhundertfünfundzwanzig, Einhundertfünfzig an. Ihr nächstes Ziel ist Einhundertfünfundsiebzig, dann Zweihundert, Zweihundertfünfzig, Dreihundert und so weiter. Am Anfang schien die Zahl Eintausend unerreichbar, jetzt, bei Dreihundert, ist sie schon um einiges nähergerückt.

Und wenn Sie dann bei Sieben- oder Achthundert sind, werden Sie feststellen, daß Eintausend nicht mehr Ihrer Idealvorstellung entspricht; Ihr Ziel wird sich geändert haben, ebenso wie Sie. Jetzt, da Sie gewachsen sind und sehen, daß Eintausend erreichbar ist, wird Fünf- oder Zehntausend Ihr Idealziel. Wofür diese Zahlen auch immer stehen: Der Weg wird einfacher, wenn Sie bestrebt sind, immer ein bißchen besser zu sein als vorher. Ein Haus wird Stein für Stein aufgebaut, ein Buch Satz für Satz geschrieben. Jemand, der kein Schriftsteller ist, kann sich schwer ein fertiges Buch vorstellen, sehr wohl aber den fertigen Satz; nehmen wir das Buch als Ideal, dann ist der Satz der Anfang dazu. Ist das Haus das Ideal, dann ist der erste Ziegelstein der Anfang. Wird etwas nicht begonnen, kann es auch nicht erfolgreich abgeschlossen werden.

Sollten auch Sie etwas nicht begonnen haben, dann denken Sie über die Gründe dafür nach. Könnte es sein, daß Sie lieber davon träumen, als das Ziel tatsächlich zu erreichen? Schließlich muß man für einen Traum nichts tun, keinen Anfang machen, sich nicht von einer Stufe zur anderen hocharbeiten; der Traum beginnt im allgemeinen beim Ideal. Bei einem Traum kann man nicht versagen, aber natürlich auch keinen Erfolg haben. Wird kein Anfang gemacht, bleibt der Traum unangetastet. Tut man den ersten Schritt, wird der Traum zur Realität. Ist der Gedanke an den Traum, der zerronnen ist, stärker als der Wunsch, einen Anfang zu machen? Überlegen Sie, was Sie davon abhält, den ersten Schritt zu tun.

Denken Sie über Ihre Motivation oder den Antrieb zum Handeln nach. Machen Sie sich den Grundsatz der Polarität zunutze, und denken Sie an das Gegenteil von Motivation, den fehlenden Antrieb, den schwachen Wunsch oder das ständige Hinausschieben. Wenn Ihr Problem darin besteht, daß Sie etwas ständig hinausschieben, dann haben Sie die Möglichkeit, den Wunsch zu verstärken, und zwar dadurch, daß Sie Ihre Ziele genau kennen und verstehen, eine Idealvorstellung entwickeln und danach streben.

Ein Problem haben viele Geschäftsleute, ganz gleich, in welchem Geschäftszweig sie tätig sind: Entscheidungen treffen. Oft liegen die richtige und die falsche Entscheidung relativ nah beieinander, und die einzig wirklich falsche Entscheidung ist, überhaupt keine zu treffen. Wenn Sie eine

Entscheidung treffen müssen und die sich daraus ergebenden Folgen keine Auswirkungen auf Ihr Ideal haben, wie wichtig ist diese Entscheidung dann? Gewöhnen Sie sich an, Entscheidungen sofort zu treffen; Sie werden sehen, daß das auf Ihrem Weg nach oben sehr hilfreich ist.

Es gab einmal einen Industriekapitän, der in dem Ruf stand, Entscheidungen immer sofort zu treffen. Wenn einer seiner Mitarbeiter mit einem Problem zu ihm kam, dachte er nur kurz nach. Eine Hand hatte er dabei in der Jackentasche, mit der anderen rieb er nachdenklich das Kinn, sein Blick war auf die Zimmerdecke gerichtet. Kurz darauf sah er dem Mitarbeiter, der ihn um Rat gefragt hatte, direkt in die Augen und gab derart nachdrücklich eine negative oder positive Antwort, daß der Betreffende von der enormen Sicherheit seines Chefs beeindruckt das Büro verließ.

Seine Fähigkeit, sofort Entscheidungen zu treffen, verhalf seiner Firma immer wieder zu neuen Erfolgen in ihrem Industriezweig. Es wurde viel über seine fast unheimliche Fähigkeit gesprochen, sofort die richtige Entscheidung zu treffen. Sein Ansehen wuchs, bis ihn schließlich eine fast mystische Aura umgab. Eines Tages kam der Vertriebsleiter zu ihm und legte Entwürfe für eine neue Werbekampagne vor. Unser Industriekapitän sah sie an, stellte einige Fragen dazu, überlegte einen Moment und sagte: »Ja, das machen wir.« Ein anderes Mal fragte man ihn bezüglich eines Problems mit der Firmencafeteria um Rat. Man schlug vor, sie anderswo einzurichten. Er stellte einige Fragen und sagte dann: »Die Cafeteria soll da bleiben, wo sie jetzt ist.«

Sofortige und bestimmte Entscheidungen, kein Wenn und Aber, kein Hinausschieben, niemals die Antwort, die Sache erst ›überschlafen‹ zu müssen, und immer eine ganz entschiedene, schnelle Antwort — man betrachtete ihn schon fast als Seher. Andere führende Persönlichkeiten in der Industrie beneideten ihn um diese Fähigkeit und riefen ihn an dem Tag, als er in den Ruhestand ging, an, um zu erfahren, welches Geheimnis dahinterstecke. Er machte sie höflich darauf aufmerksam, daß dies ein Firmengeheimnis sei. Auch der neue Geschäftsführer fragte ihn nach seinem Geheimnis, als er den Posten übernahm. Als sie im Büro allein waren, lächelte der ehemalige Geschäftsführer den neuen an und sagte: »Bohnen.«

Der neue Geschäftsführer sah ihn irritiert an und glaubte, nicht richtig gehört zu haben. »Wie bitte?« fragte er.

»Bohnen«, war die Antwort.

»Bohnen«, meinte der neue Geschäftsführer fragend. »Ich verstehe nicht.«

Der frühere Geschäftsführer holte eine Handvoll Bohnen aus seiner Jackentasche. »Ich habe vor langer Zeit schon festgestellt, daß ein Problem immer schwieriger wird, wenn ich eine Entscheidung aufschiebe. Deshalb habe ich mir eine Methode ausgedacht, um sofort eine Entscheidung treffen zu können. Ich steckte mir eine Handvoll Bohnen in die Tasche und faßte hinein, wenn mich jemand um eine Entscheidung bat. Ich zählte die Bohnen in meiner Tasche ab, und wenn sich eine ungerade Zahl ergab, sagte ich nein. Bei einer geraden Zahl sagte ich ja.«

»Wissen Sie«, fuhr er fort, »es war eigentlich nicht wichtig, was ich sagte. Wichtig war, daß ich die Entscheidung nicht aufschob. Natürlich traf ich manchmal eine Fehlentscheidung, aber richtig oder falsch, die Entscheidung war getroffen, und ich konnte dann meine Energie für etwas wirklich Wichtiges einsetzen.«

»Bohnen«, sagte der neue Geschäftsführer und schüttelte den Kopf.

Der alte Geschäftsführer reichte dem neuen die Hand, übergab ihm dabei lächelnd die Handvoll Bohnen und sagte: »Hier ist die Fahrkarte zum Erfolg, Bob. Gehen Sie klug damit um.«

So verließ er das Büro und ging in den wohlverdienten Ruhestand.

Veränderung

27

Veränderung heißt Herausforderung

Sie durchleben eine Übergangszeit und sind nicht sicher, wie es weitergehen soll. Sie stehen an einem Wendepunkt. Ganz gleich, wie Ihre Entscheidung ausfällt, sie wird den Rest Ihres Lebens beeinflussen, ebenso wie das Leben anderer Menschen, von denen Sie einige kennen, andere noch nicht. Sie müssen entscheiden, ob diese Veränderung einen Vorteil für Sie und die Menschen bedeutet, die Ihnen nahestehen. Ihre Zukunft wird auch dann beeinflußt werden, wenn Sie nichts tun.

Wenn Sie nichts tun, läuft alles so weiter wie bisher. Denken Sie darüber nach. Wollen Sie, daß alles so weitergeht, wie es ist? Betrachten Sie Ihre gegenwärtige Situation aus zwei Perspektiven, von einem positiven und einem negativen Standpunkt aus. Stellen Sie sich zuerst vor, daß alles so weitergeht wie bisher, aber machen Sie sich klar, daß Sie damit gewisse Bedingungen akzeptieren; stellen Sie sich die positive Seite an all den Dingen vor, die Sie gegenwärtig stören. Überlegen Sie, wie es sein wird, wenn Sie alles ohne Veränderung so weitergehen lassen wie bisher. Welche positiven Aspekte hätte das?

Als nächstes betrachten Sie die negative Seite all der Dinge, die Sie gegenwärtig stören. Überlegen Sie, wie es sein wird, wenn alles so weitergeht wie bisher. Welche Folgen hätte das?

Denken Sie an die Zeit zurück, als die Probleme, die Sie jetzt lösen möchten, zum ersten Mal auftauchten. Hatten

Sie damals einen anderen Standpunkt? Berühren Sie die Dinge, die Sie früher gestört haben, heute nicht mehr? Haben Sie selbst sich verändert? Veränderung bedeutet Wachstum. Wenn Sie sich verändert haben, dann denken Sie doch einmal darüber nach, ob Sie nicht reifer geworden und über die gegenwärtige Situation hinausgewachsen sind.

Versetzen Sie sich in die Zukunft und stellen Sie sich vor, wie sie aussehen würde, wenn Ihre Situation eine ganz andere wäre. Wären Sie in dieser neuen Situation glücklich? Wäre Ihre Familie in dieser neuen Situation glücklich?

Veränderung bedeutet, neue Verhaltensmuster zu schaffen und alte abzulegen. Alte Verhaltensmuster oder Gewohnheiten sind beruhigend, weil sie einem vertraut sind (auch wenn sie unangenehme Folgen haben). Vertrautheit bedeutet außerdem ein gewisses Maß an Sicherheit; man fühlt sich sicher, weil man sich in seinem gewohnten Umfeld bewegt.

Die Wiederholung einer Tätigkeit schafft Vertrautheit. Wenn man mit seiner Arbeit vertraut ist, wird sie zur Routine. Routine ist beruhigend, weil man weiß, was auf einen zukommt.

Ein Erwachsener braucht, ebenso wie ein Kind (das laufend Veränderungen erlebt und dessen Bewußtheit ständig wächst), immer ein vertrautes Objekt um sich. Der einzige Unterschied besteht darin, welcher Art dieses Objekt ist. Ein Kind muß innerlich ein gutes Stück wachsen, bevor es bereit ist, das vertraute Objekt loszulassen. Dabei ist es völlig unwichtig, ob dieses Objekt schmutzig, zerkratzt oder voller Beulen ist, oder ob es unangenehm riecht. Was zählt, ist das Vertraute, und das ist beruhigend. Jeder Versuch, es dem Kind wegzunehmen, bevor es dazu bereit ist, es loszulassen, führt zu einem Chaos. Lassen Sie das Kind aber bis zu dem Punkt kommen, wo das Loslassen einer Stufe im Reifungsprozeß entspricht, dann werden Sie die selbständige Ablösung erleben.

Jeder von uns hat eine Art Sicherheitsnetz, an das er sich mit aller Kraft klammert. Aus Angst, etwas Vertrautes loszulassen, finden wir uns mit routinemäßig Ablaufendem ab, das ein Außenstehender vielleicht nicht akzeptieren würde, denn er weiß nicht, daß diese scheinbar negativen Dinge für uns Sicherheit bedeuten. Also wird er immer falsche Schlüsse ziehen. Da ihm die notwendigen Informationen fehlen, kann der Außenstehende nicht begreifen, was vor sich geht. Auch der Mensch, der mitten in dem Problem steckt, ist sich oft nicht darüber klar, daß er bestimmte Mechanismen braucht, daß sie ihm die Sicherheit des Vertrauten bieten.

Die meisten denken, daß es äußere Kräfte sind, die uns zu Erfolg oder Mißerfolg führen. Wenn wir glauben, über diese Kräfte keine Macht zu haben, dann wird jede Veränderung zu einem reinen Glücksspiel. Da wir aber nichts riskieren und die Sicherheit des Vertrauten nicht aufs Spiel setzen wollen, verharren wir lieber in dem beruhigenden Status quo, also dem gegenwärtigen Zustand.

Es hat keinen Sinn, sich über in der Vergangenheit gemachte Fehler zu ärgern oder ständig darüber nachzudenken. Wenn Sie das betreffende Ereignis noch einmal durchleben könnten, dann würden Sie mit denselben Informationen genau dasselbe wieder tun. Daß Sie etwas jetzt als Fehler ansehen, liegt daran, daß Sie gewachsen und nicht mehr derselbe Mensch sind wie früher.

Betrachten Sie Ihr Verhalten nicht als fehlerhaft, sondern bewerten Sie alles als bereichernde Erfahrung. Und wenn etwas nicht klappt, dann liegt es bei Ihnen, es nicht mehr in der gleichen Weise zu wiederholen. Geben Sie nicht auf, bis Sie herausgefunden haben, was funktioniert. Beharrlichkeit ist des Rätsels Lösung.

Sie bekommen die notwendige Kraft, um Veränderungen als Wachstum, als fruchtbare Herausforderung zu sehen, wenn Sie Veränderungen als eine positive Erfahrung betrachten. Diesen Prozeß setzen Sie in Gang, indem Sie sich entspannen und sich die dynamische Visualisierung der positiven Aspekte dieser Veränderungen bewußt machen.

Tun Sie gleich jetzt etwas. Machen Sie den Anfang, und genießen Sie etwas. Fangen Sie an. Lassen Sie den nächsten Augenblick einfach geschehen. Genießen Sie ihn um seiner selbst willen. Was immer Sie auch tun, genießen Sie es.

Nun entspannen Sie sich. Wenn Sie entspannt sind, fließen Ihre Energieströme richtig und in Einklang miteinander. Sie sind in völliger Harmonie.

Ängste verschwinden, wenn Sie entspannt sind. Angst ist eine Form von Furcht, man hegt Befürchtungen wegen irgendeines zukünftigen Ereignisses. Man kann keine Angst haben, wenn man etwas Positives erwartet. Die Angst vor Veränderungen hängt mit einer negativen Erwartungshaltung zusammen.

Wer Angst vor der Zukunft hat, dem erscheinen die Dinge der Vergangenheit wünschenswerter. Ältere Menschen, die nur körperlichen und geistigen Verfall vor sich sehen, haben Angst vor der Zukunft und meinen, jede Veränderung sei negativ; sie träumen von der Vergangenheit, als sie sich noch sicher fühlten. Junge Menschen sind Veränderungen gegenüber aus den entgegengesetzten Gründen aufgeschlossener.

Veränderung bedeutet Wachstum. Ohne Veränderung gibt es kein Erstarken von Ideen, keine größere Bewußtheit, keine Evolution. Veränderungen sind ein unabdingbarer Bestandteil der menschlichen Erfahrung. Veränderungen zu vermeiden heißt, sich dem Leben zu entziehen.

Wenn Sie Veränderungen als einen positiven Schritt auf ein Ziel hin betrachten, dann bringt die Zukunft mehr Freude mit sich, und die Lust am Leben wird immer größer. Man wünscht sich Veränderungen, sie werden zu etwas ganz Natürlichem. Man freut sich darauf, hegt positive Erwartungen. Man sieht der Veränderung mit der festen Überzeugung entgegen, daß etwas Gutes passieren wird.

Um die notwendige Kraft zu bekommen, Veränderung als Wachstum, als fruchtbare Herausforderung zu sehen, brauchen Sie nur die Silva-Methoden anzuwenden. Wir betrachten die Veränderung als positive Erfahrung, vorausgesetzt, die Veränderung ist erwünscht. Gehen Sie auf die meditative Bewußtseinsstufe, das Alpha-Niveau, und visualisieren Sie die Veränderung als positives Ereignis. Setzen Sie die im 5. Kapitel beschriebene Technik der Erfolgsbilder ein, um das positive Bild zu verstärken. Sehen Sie das gewünschte Resultat so, als ob Sie der Autor eines Theaterstücks über Ihr Leben wären. Visualisieren Sie die positiven Aspekte in einem weißen Rahmen und erwarten Sie, daß Ihnen Gutes widerfährt. Sie werden sich das Ungewohnte vertraut machen.

Veränderung wird dann zu etwas ganz Natürlichem. Veränderung wird etwas, auf das Sie sich freuen, eine positive Erwartung, Zuversicht. Sie sehen der Veränderung mit der festen Überzeugung entgegen, daß etwas Gutes passieren wird.

Glauben Sie daran, und es wird geschehen.

Bei Fragen zur Silva Mind Methode wenden Sie sich bitte an folgende Adresse:
Brigitte Zimmermann El Nagar, Eisenacher Straße 101, 1000 Berlin 30, Tel.: 0 30-2 15 92 62